看護師も涙した

老人ホームの素敵な話

小島すがも

東邦出版

本書に登場する方々の年齢は
実年齢表記ですが、氏名は仮名であり、
また個人が特定されないように
諸々の配慮をしている点をご理解のうえ、
お読みください。

看護師も涙した　老人ホームの素敵な話

目次

序章

老人ホームに魅せられて

郊外行きの電車に乗って私は毎日、職場に向かう。

街の中心部行きの電車は早い時間から混み合うのに、私が乗る電車はゆったり座れるほど空《す》いていて、駅から歩く並木道もすれ違う人が少ない。環境のよい郊外に建てられている老人ホーム*への通勤は、ストレスがなくて私はとても気に入っている。

この老人ホームで働くきっかけをくれたのは、私が最初に入職した病院で看護主任をしていた田中さんだった。小柄で細身なのに、エネルギーの塊かと思うほどいつも走り回っている元気な人で、患者さんからも同僚からも信頼されていた。仕事ができるだけでなくとても心配りもある人だった。ただ、どこか〝天然〟で……。

ある年の夏、田中主任が、

「私、結婚して引っ越すことになってん。だから新居の近所にある特別養護老人ホーム*に転職することにしたわ」

と言った。

看護師としてものすごく尊敬している田中主任が急にいなくなってしまうことに耐えられなかった私は、ショックでしばらく無口になった。いつもやかましい私があまりに気落ちしているので、辞めていく主任が心配してくれた。主任の結婚を心から祝福しているはずなのに、主任がいなくなることのショックのほうが大きくて、作り笑いすらできないくらい落ち込んだ。

田中主任が退職してから半年ほどして、私は主任から夕食の誘いを受けた。

久しぶりに逢《あ》えるのが嬉しくて、いつもより頑張って早めに仕事を終わらせ、待ち合わせ場所へ急いだ。

＊老人ホーム＝一般に「老人ホーム」と呼ばれる施設や住宅は、大別して10種類ある。すべて寝泊まりするところ。①特別養護老人ホーム（介護老人福祉施設）、②介護老人保健施設、③介護療養型医療施設、④養護老人ホーム、⑤介護付き有料老人ホーム、⑥住宅型有料老人ホーム、⑦健康型有料老人ホーム、⑧サービス付き高齢者向け住宅、⑨グループホーム、⑩ケアハウス（軽費老人ホーム）である。

＊特別養護老人ホーム＝「介護老人福祉施設」とも呼ばれ、介護保険が適用される。社会福祉法人や地方自治体が運営する公的な施設で、通称は「特養」。65歳以上で「要介護3から5」が入所できる。ほとんどが認知症を持っており、その多くが寝たきりの状態である。

待ち合わせ場所は繁華街からは遠い、地味な住宅街の駅だった。「こんなところに呼び出すなんて、よっぽどおいしいお店があるんだろうなぁ」と、私は勝手に期待を膨《ふく》らませていたのに、駅に着いた私を待っていたのは制服姿の田中主任だった。

主任は、老人ホームのロゴが入った軽自動車の助手席に私を詰め込んで、知らん顔をして運転をしはじめた。

「あの～……、どこ行くんですか？」

私が聞くと、田中主任は、

「ごめん、いまから面接してほしいねん！」

と早口で言った。

「ええ!?」

私はびっくりしすぎて開いた口がふさがらなかった。そんな、いきなり面接と言われたって履歴書すら持ってきていないし、スーツを着ているわけでもない。

「ちょっと本当に無理なんですけど……。なんできのう言《ゆ》ってくれなかったんですか」

軽自動車がどんどん住宅街に入っていくので、もう断れないのを悟った私は普段着で来たことを激しく後悔した。

「きのう言うたら、あんた来てくれた？」

と言うので、

「当たり前ですよ。私、主任と働けるんならどこにでも行きます。なのにこんな普段着で、しかも手ぶらで面接とかめちゃめちゃ印象悪いじゃないですか。落ちたらどうしてくれるんですか！」

と本気で答えた。すると、

「わかった。じゃあ採用ね。退職届、すぐ出してきてね」

と、田中主任は前を向いたまま言った。


田中主任は、転職先の特別養護老人ホームでは「看護部長」になっていた。たった半年で部長に抜擢《ばってき》されるなんて「さすが田中主任！」と私は大絶賛した。

ところが、田中主任が老人ホームで部長になった理由は、スーパーウーマンゆえの昇格ではなかった。主任が転職してからすぐに、転職先の特別養護老人ホームにいた古参の看護師が施設管理者に反発して大量離職してしまい、病院で主任経験があった田中主任が看護部長に抜擢されたのだった。「抜擢もなにも、私しかいないんだから、ただの穴埋めよ」と田中主任は笑っていた。

看護部長になった田中主任は看護師採用の権限を持っているらしく、私は履歴書を出していないのに、施設も見ていないのに、さっきの返事で採用が決定した。

「スーツを着てないから嫌です！」

そう拒む私の背中を田中主任はグイグイと押して、私は田中主任が「田中部長」として働く特別養護老人ホームのなかに入れられてしまった。

それまで私は老人ホームなんて「看護師の墓場」だと思っていた。暗くて、ドクターもいなくて、どんな仕事をするのかよくわからない怖いところだと思っていた。それは病院勤務をするなかで先輩看護師や医師の口から出た言葉で、私はそれらを聞いて全部真《ま》に受けていた。「あんなとこ、病院で働けなくなった高齢の看護師が隠居《いんきょ》の場として行くとこや！」とまで言う人もいたので、田中主任が「老人ホームで働くわ」と言うのを聞いてものすごいショックを受けたのだった。

しかし、私が無理やり連れてこられた老人ホームは、そのイメージを根底から覆《くつがえ》した。入り口から全部、天然の木がたっぷり使われている広くて明るい吹き抜けで、左側のガラスのパーテーションの向こう側には「ジムに来たのか？」と思うほど筋トレマシンがたくさん並び、３人の入居者さんがマシントレーニングをしているのが見えた。中央の大きなガラスの向こうには、可愛いシンボルツリーを囲むように素敵な中庭が広がっていて、とても明るくて綺麗《きれい》だった。エントランスにいた車椅子の入居者さんに、「あら、こんにちは」と言われてとても驚いた。私はしどろもどろで挨拶《あいさつ》をして、冷や汗が止まらなかった。

想像していた老人ホームと全然違ったことに驚いて、「いろいろすごい……」とキョロキョロする私を華麗《かれい》に無視して、田中主任はグイグイと建物の奥に進み、「医務室」と書いてある部屋のドアを開けて、

「来月からここで働いてね。諸々《もろもろ》の手続きは初出勤の日でいいから。とにかく早いとこ病院退職してきて～」

と言って、物品のことや、業務の流れを書いた紙をくれた。

「病院は治療の場だけど老人ホームのコンセプトは〝家〟なの。病院みたいに退院しないから、入居者さんたちとトコトン向き合える楽しさがあるよ！」

田中主任はそう言って笑い、

「好きに見学しといて〜」

と、ロッカールームへ消えていった。

かなりめに強引な面接を受けて私の転職は突然決まった。すべてが唐突《とうとつ》すぎて、なんだかぼんやりした気持ちでいたけど、見慣れた主任の文字が書かれたホワイトボードの指示内容を見て、また主任と一緒に仕事ができる喜びを噛《か》みしめた。

その後、私は勤めていた病院に退職届を出してあっさり辞めた。

きっかけは田中主任のちょっと強引な面接だったのだけど、実は私はリハビリに関わりたくて職場に「移動」の希望を出していた。その希望はちっともかなわなかったが、田中主任に誘われた老人ホームには「機能訓練士」の募集があった。看護業務と兼務になるけ

郵便ハガキ

料金受取人払郵便

新宿北局承認

5136

差出有効期間
2020年1月6日
まで

●上記期限まで
切手不要です。

169-8790

260

東京都新宿区西早稲田 3-30-16

東邦出版株式会社

愛読者カード係 行

●このたびは『看護師も涙した　老人ホームの素敵な話』をお買い上げいただきまして、誠にありがとうございました。今後の参考にさせていただきますので、以下のアンケートにご協力ください。

本書をどこで知りましたか？

1. 書店で見て（書店名：　　　　　　　　　　）
2. 新聞・雑誌広告（紙・誌名：　　　　　　　　　　）
3. インターネット（サイト名：　　　　　　　　　　）
4. 人に薦められて
5. その他（　　　　　　　　　　）

ご案内

このたびは『看護師も涙した　老人ホームの素敵な話』をお買い上げいただきまして、誠にありがとうございました。
本書のご感想などがございましたら、ご記入ください。

星はいくつ？（　　コ）　※最高は５コ

※ご記入いただいた感想・コメントは、新聞広告などに掲載させていただく場合がございます（個人情報は除きます）。あらかじめご了承ください。

（ふりがな）
お名前　　　　　　　　　　　　　　　　（男・女）　　歳

ご職業

ご協力ありがとうございました。

ど、「機能訓練士としてリハビリの仕事もできるよ」と聞いて、私は迷うことなく転職を決めた。

私が転職した特別養護老人ホームは看護師の夜勤がなかったので、毎朝9時から夕方6時までの日勤だけだった。休みは週2日で、いままでの夜勤があるシフトから考えればOLみたいな勤務時間で、なんだか新鮮な気持ちになった。

初出勤の日、田中主任が、
「きょうからは田中部長って呼んでね」
と言ったので、私は「主任」と呼ばないようにものすごく気を遣《つか》った。
私とパートさんを含めて計6人の看護師が採用されていた。みんな私と同じように田中部長に呼ばれて来た人たちで、田中部長のことが大好きだった。

採用された6人のなかで、私は一番若かった。老人ホーム経験者は3人いて、その3人の経験者と田中部長は、業務改善を慌《あわ》ただしくしていた。急な大量離職でちゃんと引き継ぎされてなかったので、現場はずいぶん混乱していた。

私は特養の勤務が初めてだったので、田中部長が来る前の施設がどんなだったか全く想像がつかなかったが、病院と違って施設は職員の大半を介護さん*が占める。大勢の介護さんたちが看護師さんたちの抜けた施設を必死で切り盛りし、たったひとり残された田中部長は一日も休みを取らず、朝から深夜まで施設を走り回っていたという。

田中部長によれば、以前の看護師さんたちは介護さんたちに対して上から目線で、相談にあまり取り合わず、詳しい説明もしなかったと聞いて、とても驚いた。

「入居者さんの情報を持っているのは介護さんなのに、以前のナースはどうやって仕事をしていたのか！」

と田中部長はめずらしく怒っていた。

看護師と介護さんのように、職種が違うと同じ入居者さんを見ていても視点が違う。その視点の違いから起きる意見の相違を、別職種だからこその新しい意見としてとらえるか、否定するか、田中部長は介護さんの意見や質問に耳を傾ける人だった。

この施設の介護さんはキビキビした人が多かった。

「みんないい子でしょ〜。忙しいのにいっぱい勉強会開いて、たくさん勉強してくれたのよ〜」

田中部長はよく介護さんの自慢をした。部長は看護師にもモテたが、介護さんからはもっとモテていた。

初出勤の日に田中部長からもらった資料には、入居者さんの基礎疾患と注意事項がひと目でわかるように書き込まれていた。介護さんからの情報もたくさん書き込まれていた。病棟勤務だったら一度に100人もの患者さんを受け持つことはないので、私はこの資料にとても助けられた。

大勢いる入居者さんと、「腰の手術をされたことがあるんですね」など資料のおかげでひとり一人こちらから会話をすることができたので、「私のことを知ってくれてるんや」と、入居者さんは初めての私にも親しみを持ってくれた。

＊**介護さん**＝特別養護老人ホームで入居者サービスに従事するのは、事務職員を除くと、医師、看護師、介護福祉士、介護職員実務者研修、介護職員初任者研修（旧ホームヘルパー2級）、そして資格を持たない介護職員らである。本書において「介護さん」いう記述は、介護職員実務者研修、介護職員初任者研修ならびに資格を持たない介護職員を指す。

田中部長は、「この子、私の後輩なの〜。よろしくね！」と暇さえあれば入居者さんに紹介して歩いてくれたので、私はしばらく入居者さんから「田中さんの弟子」と呼ばれた。私は田中部長のことを心のなかで「師匠」と呼んでいたので、入居者さんから「田中さんの弟子」と呼ばれることが嬉しかった。

看護師の人数が増えてからも、会議や入居者さんの急変が続いて田中部長はろくに休みも取れていなかった。私はそんな部長を心配して、

「新婚なのに、そんなに忙しくしてて大丈夫なんですか？」

と聞いた。

すると、ほかの看護師全員から「うわぁ……」という目で見られ、いきなり医務室の空気がものすごく重たくなった。

「え？……、なんか変なこと言いました？」

と焦《あせ》る私に、田中部長は、

「言ってなかったっけ、ごめん。私、結婚ダメになってん」

と言った。

「ええええええええええ！」と絶叫して私は余計なことを言ってしまった自分を恥じた。

「新婚だったのに、忙しすぎる施設に転職したから残念なことになってしまって……」と、休みも取らずに働いていた部長を気の毒に思ったとき、

「私、お料理が全然できなくてね〜。毎日まずい料理出してたら、逃げられちゃったわ」

と恥ずかしそうに言うのを聞いて、私はまた腰が抜けるほど驚いた。

「あんなに仕事ができるのに料理が苦手だったなんて！」

と再び絶叫し、私は部長の傷口にさらなる

塩を塗ってしまった。

　田中部長は絶叫する私を見て笑い、私はそのあとひたすら謝った。

　老人ホームでは、ときどきおやつや昼食を入居者さんと一緒に作るイベントがある。田中部長は介護さんたちにも料理ができないことがバレていたので、いつも冷やかされながらみんなと一緒に料理を作っていた。

「いいもん！　私、料理ができる男の人と結婚するもん！」

　そう絶叫して笑いを取っている部長は、病院にいたときよりずっと楽しそうだった。

　私は老人ホームの看護師が仕事で料理をするとは知らなかったので、笑いを取っている部長を見ながら焦った。私は田中部長よりも料理ができなかった……。

　できることならなんとかごまかしたかったのだけど、手際《てぎわ》のよい介護さんの前でそんなごまかしができるはずもなく、すぐに私も料理ができないとバレた。入居者さんからも、介護さんからも、

「田中さんの弟子だからって、料理ができないとこまで真似《まね》すんな」

　と総ツッコミをくらい、田中部長はそんな私を指さして大笑いした。

田中部長のおかげで、私はすぐに老人ホームに馴染《なじ》むことができた。

しかし、それから半年もしないうちに田中部長は新設された系列施設の立ち上げに行くことになってしまった。傾きかけた施設を以前よりよい形に変えた手腕を買われてのことだった。

「私は仕事と結婚したの。施設は私の子供よ。あとは任せたからね！」

そう嬉しそうに言う部長はものすごくカッコよかった。

施設には部長が鍛え上げた介護さんが大勢いた。私は部長とまた離れてしまったことを寂しく思ったけど、たくさんの頼れる仲間と仕事ができる施設に呼んでもらえたことをいまも感謝している。

第1章

人生で必要なことは、ぜんぶ入居者が教えてくれる

第①話　ごめんなさい、アホの子で

私が看護師の仕事を続けられているのは松山さんのおかげだ。

松山さんは、私が当時働いていた病院の入院患者で、私が初めてひとりで担当した患者さんだった。

松山さんは自宅の玄関で転倒して腰椎《ようつい》圧迫骨折になり、救急車で私がいる病院に運ばれてきて入院となった高齢の女性だ。

松山さんは小柄なのにお腹《なか》まわりがとっても大きかった。

お腹のサイズに合わせた病衣*だと裾《すそ》や袖《そで》が長くて、裾は常に折り曲げなければならなかった。それが寝返りをうったり、車椅子に乗るときにいつもどこかに引っかかって、そのたびに松山さんがイライラしていたのを私は気づいていなかった。

その日、松山さんは私に、

「あんた、ホンマに看護師か？」

といきなり言い放ち、ぷいっと布団をかぶってしまった。私はそれにひどくショックを受けて、ナースステーションで途方に暮れた。

自分としては、一生懸命やっているつもりだったのに。でも、いくら私が「頑張った」と自己満足をしても、松山さんが満足していないのであれば、それは看護とは言えないいんじゃないいか……と、その日はものすごく悩んだ。

翌日も松山さんはイライラしていたが、私は相変わらず松山さんのイライラの原因に気づかなかった。そんなことより松山さんの食事量や、リハビリの進行度合いのほうが気になっていて、退院を前に焦《あせ》っていた。

松山さんはリハビリにあまり積極的ではなく、このままでは予定通り退院して自宅に帰っても、ひとりでトイレに行くのは難しい状態だった。私は、「松山さんは自宅に帰れる日を心待ちにしている」と思い込んでいたので、熱心にリハビリを勧めていた。

*病衣＝入院患者が着る長袖・長ズボンの上下セパレートのパジャマ。ビジネスホテルの宿泊者に用意されている寝間着のイメージ。

「松山さん、このままだとお家《うち》に帰れなくなりますよ?」

と悲しい顔で言ってみた。

こんな言い方は、脅迫みたいで嫌だったのだけど、とにかくリハビリをしてもらわないことには松山さんにとってよろしくない、そう思って言ったのだ。

松山さんはじっと私を見て、

「私がリハビリをしたくない理由を考えたことあるか?」

と言い放ち、またぷいっと布団をかぶってしまった。

考えたけど、全くわからない。このままではらちが明かないので、その日の昼休み、私は松山さんの部屋に行って直接聞いてみることにした。仕事がたくさんあって、まだまだ新人だった私は業務に振り回されすぎてゆっくりと患者さんに向き合うことができなかったから、思い切って昼休みを松山さんと過ごすことにしたのだ。

午後1時。私の昼休みは45分間。ロッカールームでおにぎりを急いで食べて、松山さんの病室へ向かった。

病室に入ると、なんと松山さんはベッド柵《さく》でつかまり立ちをしていた。

リハビリに積極的でなかった松山さんが自主的にトレーニングをしていることに衝撃を受けた私は、満面の笑顔で、「松山さん！ すごいじゃないですか！」と駆け寄った。

松山さんは、ブスッとした顔で私を見て、ため息をついた。

「あんた、ホンマに看護師か？ これ見てなんとも思わんか？」

松山さんが指さしたのは、足元でくちゃくちゃになっている病衣のズボンだった。

「こんなもん着せられてるのに、みんな歩け歩けって。無茶言《ゆ》うわ」

松山さんは腰椎圧迫骨折で入院しているので、腰に大きなコルセットをつけていた。コルセットをつけたままでズボンの裾を自分でまくるのは、体が固い松山さんには至難《しなん》の業《わざ》だったし、なによりその姿勢は痛くてできない姿勢だった。

松山さんはため息をついて、ベッドに座ってしまった。「私がここに来なければ、ひとりでリハビリを続けていたかもしれなかったのに……」と私はものすごく残念に思った。

もう少しサイズが小さい病衣なら裾もちょうどよくなるのだけど、松山さんのお腹がそれを許さなかった。私は松山さんの前にしゃがんで、「松山さん、いまごろ気がついてごめんなさい。私、気が利《き》かないから……」と謝りながら裾を綺麗《きれい》に折り曲げた。

「あんただけじゃないから、もう諦《あきら》めとった。息子に『服を持ってきてくれ』と頼んでいるけどちっとも持ってきてくれへん。息子はな、『このまんま寝たっきりのほうがありがたいわ、怪我《けが》せえへんし』って言いよったんや。だからな、このまんま入院してリハビリなんかせえへんほうがみんな幸せやねん」

松山さんは、そう一気に話して、ベッドに転がってまた布団をかぶってしまった。

松山さんは本当はリハビリがしたかったのに、裾が引っかかってまた転倒するんじゃないか……と思ってリハビリをしなかった。また転倒したら息子さんに迷惑がかかるから、だったらいっそ寝たきりになったほうがいい……そう思っていた。自分が自宅にいないほうが家族が幸せに暮らせる……と思っていた。

私はそれに気がつかなかった。だから松山さんに、あんなことを言わせてしまったのだった。

「松山さん、いっぱい悩んでたのに、ごめんなさい。松山さんが安心してリハビリができるズボン、探してくるね」

そう伝えて立ち上がって病室を出ようとしたら、

「ちょっと待ち。あんたまさか、この寝間着を探しにいこうとしてるんやったら、無駄やで！　私はこんな恥ずかしい格好であんなところ行きたないねん！」

と大声を出した。

そう。私は松山さんの予想通り、サイズが小さい病衣を取りにいこうとしていた。でも、松山さんの願いはそれじゃなかった。

私がびっくりして振り返ったので、松山さんはまたため息をついてから、

「あんたも女やろ？　私もこんなにシワシワなったけど、女やねん。こんな恥ずかしい格好でな、みんながおるとこ行きたくないねん。家で着てたいつもの服が着たいんや」

全部本人にしゃべらせて、私はやっと松山さんの気持ちがわかった。松山さんは、病衣でリハビリ室に行くことも嫌だったのだ。私が気がつくのを長いあいだ待ってくれていたのに、私はずっとわかろうともしなかった。自分の業務にいっぱいいっぱいで、患者さんの気持ちを考える余裕がなかった。

こうして私が松山さんの本当の気持ちがわかったところで、松山さんの息子さんは県外に住んでいて週末しか来られないのを私は知っていた。リハビリができる服は以前からお願いしているのだけど、息子さんはそれを松山さんのご自宅から見つけることができなかったし、積極的に用意してくれる素振《そぶ》りもなかった。

固まる私に松山さんは、

「な、無理やろ？　わかってるねん。だからええんや。このまんまで」

そう言ってまた布団をかぶってしまった。

せっかく昼休みに松山さんと話そうと思って来たのに、やっぱり私は空回りをしてしまった。自分の観察力の低さと、気の利かなさをつくづく恥じて、自分にがっかりした。やっぱり私は看護師に向いてないな……と、入職してから失敗するたびに薄々感じていたことが、決定事項として目の前にガツーンと降りてきて、しばらく動けなかった。

松山さんは、布団をちょこっと下げて、顔を半分だけ出して私を見ていた。私はどうしていいかもわからなくて、相変わらず病室のドアを見ながら固まったままだった。そのせいで、今度は、

「あんたも忙しいのに、わがまま言うてごめんな」

と、松山さんに気を遣《つか》わせて、謝らせてしまった。

焦る気持ちばっかりで、私はなんにも答えが浮かばずただ立っているだけになり、そのうち涙がいっぱい出てきてしまった。

いま、私ができることってなんなのだろう。

松山さんの思いを全部聞いても、松山さんに謝らせてしまっても、私は自分にできることがすぐに思いつかず、情けなかった。正直もうやけくそで、

「病衣でリハビリしてる人もいっぱいいます！　いまから見にいきましょ！」

そう言って、私は車椅子を取りにいき、半《なか》ば無理やり松山さんを車椅子に乗せてリハビリ室に行った。


リハビリ室で病衣のままリハビリをしている患者さんを見せるように、ぐるりとリハビリ室を車椅子で回った。松山さんはずっと無言のままだったけど、私はそのままぐるぐるリハビリ室を回った。

そうしてから、部屋まで戻る廊下で松山さんは、

「あんた、私に歩いてもらわんと上司に怒られるんか？」

と言った。私が焦りすぎてやけくそでやった行為で、さらに松山さんに気を遣わせてしまったのだ。

もう空回りしすぎもいいところだ。もう看護師以前に人としてもダメなんじゃないかと、自分のことが嫌になった。

私は車椅子を押しながら情けなくてボロボロ泣いて、すれ違う患者さんやスタッフから

ジロジロ見られていたけど、もうやけくそで泣いたまま車椅子を押していた。

松山さんは、

「あんたが困るんなら、私リハビリやったるで？」

と、申し訳なさそうに言い出した。

私は松山さんにリハビリしてほしかったけど、そんな理由でしてほしくはない。

でも、すでにそういう気持ちにさせてしまっていた。後悔しても、もう遅い。

もう、どうしていいかわからなくなって、車椅子を停めて松山さんの前にしゃがんで、「松山さん、私、松山さんの気持ちがわからないままリハビリやれやれ言うて本当にごめんなさい。私のためにしなくていいから、自宅に帰れるように自分のためにリハビリ頑張ってほしい」

と伝えた。

「あんた、アホやなぁ」

と言って、松山さんがあきれて笑ってくれたので、さらに泣いた。

そのあと、長く垂《た》れたズボンの裾は松山さんの希望で、膝下《ひざ》まである長さの靴下のなかに入れた。袖は松山さんの希望で、肘《ひじ》の上まできっちり折り曲げた。

「本当にこんな格好でいいの？」

と何度も聞いたけど、松山さんは、

「裾は綺麗に折り曲げても、リハビリしてたらずり落ちてくるねん。だからこれでいい」

と言って、その日からちょこっとずつリハビリをしてくれた。

腕まくりをして、ニッカポッカを履《は》いたみたいなその装いは、小柄でぽっちゃりな松山さんを現場作業員のように見せていた。

すれ違う患者さんから笑われても、松山さんは平気な顔をしていた。病衣でリハビリ室に行くことすら嫌だった松山さんなので、私はそれが逆に怖くて気が気ではなかったが、松山さんはそのまま毎日その格好でリハビリをし、あっさりスタスタ歩けるようになった。

そして、退院の日を迎えた。

あの日、私があんまりボロボロ泣いたので、松山さんは、「ほんならもうちょっと頑張るわ」と思ったらしい。服装も、息子さんが持ってきてくれるのをずっと期待していたけど、期待しても無駄だと受け入れて、いまあるものでなんとかしようと思ったらしい。

結局、私は看護師として役立たずだった。全部松山さんが自分で乗り越えてくれてしまったのだった。

退院するまで松山さんは私のことをずっと、「アホの子」と呼んでいた。

私はそれでよかった。

松山さんの言う通り、私は患者さんの気持ちがわからないアホアホ看護師だったし、松山さんが私の仕事のことまで気を遣わなければいけないほど、業務にいっぱいいっぱいでなんにも見えていなかったのは本当のことだ。

退院したら、松山さんは自宅には戻らず、近くのサ高住*に入居することが決まっていた。そこから毎日デイサービスに通うのだと言っていた。息子さんともたくさん話し合って、

*サ高住＝「さこうじゅう」はサービス付き高齢者向け住宅のこと。

松山さんはそれが一番よいと納得して自分で決めた。

退院する日、私は松山さんから手紙をもらった。震える文字で書かれていて、私のことをアホの子と呼んでごめんなさいねと書いてあった。そして、「また会いたいね」「いい看護師になってや」と書いてくれていた。

私は、こっちこそアホの子だからごめんなさいとずっと思っていたので、またボロボロ泣いた。

「もう看護師は向いてないから辞めてしまおう」とずっと考えていたのが、その日を境に、「ちゃんとした看護師になろう」に変わった。

第②話 たかが爪切り、されど爪切り

病院とは違って、特別養護老人ホームの看護師の仕事は、入居者さんたちの健康管理や服薬管理が中心だ。

特養に勤務する看護師は、24時間常駐を国から義務づけられてはおらず、施設によってその勤務形態は様々で、私の施設は夜勤はなかった。医師も常駐の義務がないため週に2度、昼過ぎに3時間ほど来て帰っていく。一日の大半を看護師と介護福祉士、そして介護さんで看《み》ているのが私の施設のスタイルだ。

病院とは全く違う、ゆったりとした時間が流れる老人ホームなのに、私はいつも汗だくで走り回っていた。医療スタッフの人数が病院よりはるかに少ないため、日々の業務をこなすのが大変で、入居者さんとゆっくりおしゃべりをする時間はなかった。

ただ、医師が来所しない日は少しだけゆとりができる。

入居者さんの急変もなく平穏《へいおん》な日、私はみんなの足の爪切りをすることに決めていた。

「足の爪を切りに来たよ〜」と私が大きな声で言うと、みんな笑顔になる。足の爪切りは、体が固くなった入居者さんには至難《しなん》の業《わざ》で、さらに老眼や巻き爪があったりすると自分では手に負えないものになる。手の爪さえも、関節がこわばっていると自分では切れなくなっていくものだから、私がピカピカに磨いたニッパー型の爪切りをジャーン！と出すと、みんな嬉しそうに笑うのだ。

私が老人ホームで働き始めたころ、お風呂場でみんなの足の爪を見て言葉が出なかった。伸びすぎた爪が足指の腹側まで曲がって食い込んでいたり、割れてギザギザになっている人が大勢いたのだ。気がついた日から私はお昼休みを爪切りの時間にあてていた。

でも、せっかく爪切りをしようとしても、

「やめてください、汚いから。臭いし、気にしていただかなくて結構です」

こんな言葉ばかり積み上げられて、すぐに爪切りをさせてくれる人は少なかった。

爪切りしてほしいと思っているはずなのに、なぜそんなことを言うのかと悲しい気持ちになったので、入居者さんが笑顔で爪切りができる魔法の言葉がないかと、ひとり考えていた。

あるとき、「足の爪切りなんて申し訳ない、こんな汚いことをさせて本当に申し訳ない」としきりに言う入居者さんの爪を切っていて、切っているあいだずっと「申し訳ない」と言い続けるので、私は、「さっさと切れれば、気持ちの負担が少なくなるかも」と思って早く爪が切れるようになろうと決心した。そして、

「私、足の爪切りの練習をしているので、申し訳ないですけど、ご協力お願いします」とお願いして切らせてもらうことにした。

そう私がお願いすると、

「あら、変なこと練習するのね。でも、私でお役に立つのならどうぞ」

と、あんなに申し訳なさそうにしていた入居者さんたちが、「どうぞどうぞ」と足を差し出してくれるようになった。私は嬉しくなって、どんどん練習して、本当にものすごく早く綺麗《きれい》な爪切りができるようになっていった。

そうなると、

「もう練習しなくても早く切れるじゃない」

と言われてしまうようになり、結局また、「申し訳ないからいいです」と断られるようになった。せっかくの魔法の言葉だったのに、こんなことになるのなら、早く切れるようにならなければよかったなと残念に思った。

ピカピカに磨いたニッパー型の爪切りを、プラプラと持て余して歩いていたとき、

「あんたの爪切りは早くてやすりもかけてくれるから好きだけど、さっさと行ってしまうから寂しいわ」

と直球で私の爪切りの欠点を教えてくれる人が現れた。

そうだったのか。みんな爪切りだけをしてほしかったわけではなかったのだ。

パチンパチンといい音を立てて切る音に、「私、この音がとっても好きなのよ」と言う人や、爪切りをしているあいだだけ、悩みを打ち明けてくれる人がいたのを、私はすっかり忘れていた。その日から私は、

「私、爪切りが好きだから切らせてもらっていいですか？　趣味なんです」

と言うことにした。みんな爪切りが趣味だという私のことを笑ったが、

「どうぞどうぞ。そんな面白い趣味の人がいるのね」

と笑顔でまた足を差し出してくれるようになった。

そして、私はお話し好きな入居者さんに合わせてゆっくり切ったり、一緒に爪切りの音を楽しんだりするようになった。

たかが爪切りでも、入居者さんからしたら「特別なこと」だったんだなぁと気づかせてもらう出来事になった。

いつも慌《あわ》ただしく通り過ぎていく私の姿を、入居者さんはみんな見ていた。そして、そんな私たちスタッフに気を遣《つか》っていた。自分では忙しさを出さないようにしているつもりだったのに、できていなかった。そんな私とゆったり爪切りをしていることが、「申し訳ない」という言葉につながっていたのを私はやっと理解した。

私が「爪切りが趣味なんです」と言い出したことで、入居者さんの「申し訳ない」という心の負担が少しでも減るならそんな嬉しいことはないと思った。

そんなある日、スタッフからメモを渡された。そのメモには、入居者さんの名前がたくさん書かれていた。

「これなあに?」

と尋《たず》ねると、

「え? あんた爪切り趣味なんでしょ? 残しといてあげたから切っといてよ」

そう言われて言葉が出なかった。入居者さんに向けて考えた魔法の言葉がこんなことになるなんて、思ってもみなかった。

そもそも爪切りは職員みんながやるべきことなのに、なぜこうなるのか。

でも「爪切りが趣味」と口にしたのは私自身なのだから、スタッフも気を遣ってくれたのかもしれない。が、しかし、なんとなく腑《ふ》に落ちないものを感じて、その日はあんまり気持ちが乗らないままその方々の爪切りをした。

メモの名前が終わりに近づいたあたりで、ひとりの入居者さんから、

「私、あなたに爪切りしてもらうのが好きなのよ。いつもありがとう」

と言われた。その日は気持ちがついてこなくて、いつもの調子じゃなかったのに。そう思って申し訳ない気持ちで、「ありがとうございます」と言うと、

「あなた、本当に爪切りが好きなのね。上手だし、切りたてでも靴下が引っかかったりしないのよ。そろそろ切ってほしいなぁと思うころに来てくれるし、ありがとうね」

と言われた。

メモを渡されるまで、私はその入居者さんの爪切りに行こうとは思っていなかったので、その言葉をとても重く感じた。

なんだか腑に落ちない気持ちを抱えたまま爪切りをしていた自分が恥ずかしくなって、さっきのスタッフに申し訳ない気持ちになった。


ある入居者さんが亡くなったとき、ご家族から、

「申し訳ないのですが、爪を切ってもらうことはできますか？」

と名指しで言われた。

葬儀屋さんが来るまでの時間、娘さんがご遺体の手を見て、

「綺麗にして、見送ってあげたいんです。母はあなたの爪切りがとっても好きだったようで、よく爪切りの話を嬉しそうにしていました」

そう言われた。私はもう動かなくなった入居者さんの冷たい手を握って、そっと爪を切った。

「あなた、本当に爪切りが趣味なんですか？」

とご家族に笑って聞かれ、

「はい。本当に大好きです。最後に爪切りをさせていただけて本当に嬉しいです。私のおばあちゃんにはできなかったことなので」

と、半ば涙声《なか》で答えて、ご家族と一緒に泣いた。

その入居者さんは、見舞いに来た息子さんに、

「ここにはね、爪切りが趣味だって言う面白い看護婦さんがいるのよ」

と楽しそうに話していたそうだ。

そんなことになっていたなんて想定外だったけど、その親子の会話を、楽しそうに私に話すご家族を見て嬉しく思った。

たかが爪切りなのに、私が爪切りを積極的に始めてから、当初考えてもいなかった学び

がたくさんあった。爪切りがきっかけで入居者さんとお話しするようになり、カルテからは見えてこない心境や体調もわかるようになった。

いつの間にか、本当に私は爪切りが大好きになっていたんだなと気がついてからは、「私、爪切りが趣味なんです」と誰にでも言えるようになった。

人の役に立つ趣味がまたひとつ増えて、すごく幸せな気持ちになった。

第③話 入居者の〝犬〟になったけど……

私がまだ施設で働き始めたばかりのころ、とても気難しい女性入居者さんがいた。その人は、いつも怖い顔をしていて、自分の身の回りの世話をする介護さんを選別するので、介護福祉士さんから、「慣れるまで、北田さんには近寄らないほうがいいよ」と言われていた。

ある日、私はその人が北田さんだと認識せずに話しかけた。大勢いる入居者さんの名前を一度に覚えることができず、悪気なく近づいて朝の挨拶《あいさつ》をしたのだ。

「おはようございます。体調どうですか？」

そう私が言うと北田さんはムッとして、

「あんた誰や。顔も名前も知らん人に、なんで自分の体調言《ゆ》わなあかんの。気安く近寄らんといて」

と冷たく言われて、私はその人が北田さんだとすぐに覚えた。

北田さんは、いつも糸を編んでいた。編んで紐《ひも》になると、それを使って小さな人形を作っていた。その人形は、編んでカラフルになった組紐が体を表現していて、その上部に木でできた丸い顔がついている可愛らしいものだった。

聞くところによると、北田さんに認めてもらえるとその小さな人形がもらえるらしく、もらった人はみんな胸のポケットや名札につけていた。それが勲章みたいに見えて、私はとても羨《うらや》ましく思っていた。

あるとき、入居者全員ぶんの血圧測定を命じられてバタバタと血圧を測っていると、北田さんと目が合った。北田さんはとても小柄で痩《や》せていた。でも、ほかの入居者さんよりずっと姿勢がよくて、ピシッと座っている姿はまるでお習字の先生のようだった。私は笑顔で近づいて、

「北田さん、血圧を測らせていただけませんか?」

とお願いした。

いつもは私が近づくだけでムッとする北田さんが、黙って腕を出してくれた。私は嬉し

くなって、サッと血圧を測る準備をした。

その日はとても寒い日で、外はめずらしく小雪もチラつくほどだった。みんなが集うリビングで、北田さんは窓に一番近い席に座っていた。

血圧を測ろうとしたとき、外の冷気がふわっと流れてきた。北田さんは白いシャツに、薄いカーディガン姿だったので、

「寒いですね」

私はそう言って、北田さんの腕に血圧計を巻いたままその場を離れ、ひざ掛けを取りにいった。

ひざ掛けを持って戻ると、

「あんた、私の腕に自分の大事な商売道具くっつけたまんまで、そんなもん取りにいったんか！」

と、すごく不機嫌になっていた。

なんて言えば許してもらえるかなと一瞬考えたけど、たぶんもう手遅れだと思ったので、

「北田さんに風邪引いてほしくなかったんです」

と思ったことをそのまま言ってひざ掛けを渡した。

北田さんは、こわ〜い目で私の頭から足の先までを舐《な》めるように見たあと、

「あんたがそんな半袖《はんそで》の服着てるから寒いんや。他人の心配する前に自分のこと大事にしい！」

とピシャリと言った。ナース服はだいたい半袖なんです……と思ったけど、北田さんが私の心配をしてくれたことが嬉しかったので、

「ありがとうございます！」

そうにっこり笑って言った。

北田さんが私の返事にポカーンとしたので、その隙《すき》にしれっと血圧測定を再開すると、

「私の血圧、測りにくいで」

とさらに怒った口調で言われた。

半端ないプレッシャーを感じながら血圧を測ったわりに、案外ちゃんとできた。

細くて小さい北田さんの腕は想定よりずっと血圧が高く、本当に脈が取りづらくて測りにくかった。

「ちゃんと測れましたよ〜」

とドヤ顔で言ってから、

「足も見せてくださいね〜」

と、返事も聞かずに机の下に潜って両足のむくみを確認すると北田さんは、

「あんた、雑やな」

とニヤリに笑い、あの人形をつまんで私の手に乗せた。想定外のことだったので、

「わぁ！　やったぁ〜！」

と大声で喜ぶと北田さんは、

「あんた、私のこと怖くないいんか？」

と真顔で聞いた。

「怖くないですよ？」

そう即答すると、北田さんはまた、ポカーンとした。

実際、北田さんは98歳という年齢を考えると、信じられないくらい綺麗《きれい》な人だった。髪も自分でピシっとお団子にして、服もビシっと自分で着て、座る姿も美しく、怖いなんて

微塵《みじん》も思わなかった。それより、ゾウさんみたいにむくんだ足と高い血圧に、北田さんのことを心配した。

北田さんがくれた組み紐の人形を、私はさっそく名札につけた。なかなかもらえない北田さんの人形を早々にもらって、スキップしたい気持ちで医務室に戻ると、それを見た先輩に、

「あら、あなた北田さんからもらったのね。でも、そんなところにつけてると、犬って呼ばれるわよ」

と言われた。「……犬？」。意味がわからず私は固まっていたが、先輩はそれ以上なにも言わなかった。

小さな人形をもらった日から、北田さんは事あるごとに私を呼んだ。「針に糸を通してほしい」や、「櫛《くし》が壊れた」など、私でなくてもいいことで何度も呼びつけた。入職したてで忙しかったので、全部に対応するのはとても大変だった。

北田さんは、自分の介助をする介護さんを選ぶ人だった。でも、認知症ではない北田さ

んのことだから、きっと理由があるのだろうと私は思っていた。

数日経《た》って北田さんはいきなり、

「あんた、怒らへんのか？」

と言った。

「北田さんは用があるから私を呼んだんでしょう？　怒る理由はないですよ」

と言うと、北田さんはなんとも言えない顔をした。

「北田さん、心臓が悪いから座ってるだけでもしんどいでしょう？　歩いてトイレに行くのが不安なら遠慮せず呼んでくださいね」

そう言うと、

「そうか」

と言って、なぜかそれっきり頻回《ひんかい》な呼び出しはしなくなった。

北田さんは心臓の病気を抱えていた。高齢であることと、手術のリスクのほうが高いことから積極的な治療は望まず、施設で最期を迎えることを望んでいた。足が悪いわけではなかったのだけど、心臓の病気のせいで全身の血流が悪く、さらに一日中座っているから両方の足がむくんでしびれて歩きにくかった。ほとんどの介護さんはそんな北田さんを気遣《づか》いながら、じりじりと悪化していくのを見守っていた。なのに一部の介護さんは、北田さんが呼んでも、「自分で歩けるのだから、自分でできることは自分でしてください」と言って立ち去ってしまうので、そういう人のことを北田さんは嫌っていたのだった。

そういう介護さんは、みんな決まって、「動けるうちは動かないと、筋肉が落ちて寝たきりになってしまうよ」と言っていた。実際、それは正しいし、なんでもしてあげるのはよい介護とは言えない。介護さんはケアマネージャー*が立てたプランに沿った介護をしなければならない。その人たちはその通りにしているだけだった。

北田さんのケアプランは、長いあいだ同じものが継続されていて、歩行時の付き添いはプランにはなかった。最初にケアプランを立てたときよりずっと体調が悪化しているのに、なぜかそのままの状態になっていた。

*ケアマネージャー＝介護支援専門員。各都道府県が行っている試験に合格後、研修を受けて取得する。介護サービスや介護保険のスペシャリストで、要介護者とその家族の介護生活をサポートする。

北田さんはひとりで歩いてトイレに行くことに不安を感じていたのに、それをちゃんと言えないでいた。だから言わなくても気がついて対応してくれる介護さんを選んで呼んでいたのだった。私を頻回に呼んだのも、ちゃんと対応してくれるかどうかを試すためだった。

私は北田さんがトイレに行くときは、基本的には見守りですぐそばにいるだけにしていた。北田さんが「そうしてほしい」と言うからだ。しんどそうにしている北田さんに呼ばれても、立ち去ってしまう介護さんのことをちょっとどうかと思っていたが、入職して間もない私はそれを言い出せずにいた。でも、そうもいかない日が増えていたので、ケアプランの再検討をお願いしていた。

私のほかにも北田さんのことを心配していた介護さんは、状況に応じて車椅子を使うなどしていたが、「自分でできることは自分でしてください」とだけ言って通り過ぎていく一部の人からすれば、そういう人はケアプランを無視して余計な介護をしているように見えたのだろう。だから人形を胸につけた介護さんのことを、「北田さんの犬」と呼んでいたのだった。

「誰のための介護なのか」がわかっていたら、そうはならないのではないかと残念に思った。本人の状態よりも優先されるケアプランなんてあるわけなかった。

「なんでもしてあげるのが看護じゃない。患者さんにとって本当に必要なことをして差し上げるのが看護です」と、看護学校で実習をしているときに先生がしきりに言っていたのを、老人ホームで働くようになってからよく思い出すようになった。

病院にいるときは、退院して自宅に戻る人が大半だったので、「自分でできることは自分でしてもらう」のが当然だったし、患者さん自身も自分でやらなければ……と頑張っていた。

でも、老人ホームに入職してから、もう自宅に戻ることもできず、人生の目標も失ってしまった目をしている人たちを見ているうちに、「この人たちに本当に必要な介護ってなんなのだろう」と考え込んでしまうことが増えた。

ある日、私は久しぶりに北田さんに呼び出された。

部屋に入ると、いつも怖い顔をしている北田さんが笑顔で、

「あんたは何色が好きなんや？」

とカラフルな糸がたくさん入った箱を差し出してきた。

「白と水色とピンクです」

と言って、パステルカラーの水色とピンクの糸を取ると、

「ほんならこれで人形を作ったるからな。あしたの昼に取りにきてな」

そう言って笑った。

「きょうは体調がいいのかな」と思って、せっかくだからゆっくりとお話をした。ついでに脈も診《み》たけど、いつもと変わらずだった。

そうして私が部屋を出ようとしたとき、北田さんは、

「ゆっくり話せて嬉しかったわ。ありがとう。またね」

と、いつもは言わないお礼を言った。それがすごく弱々しく見えて、いつもの凜《りん》としたた北田さんとは違って見えた。急に心配になって、

「大丈夫ですか？」

と部屋に戻ろうとしたのに、

「大丈夫や。あんたも忙しいやろ。はよ仕事片づけておいで」
と北田さんは手を振って笑うので、私は仕事に戻った。

翌日から2日間、私のシフトは休みだった。久々の連休だったのでひとりで旅行に行き、温泉やご当地グルメ、名所巡りなど観光を満喫し、施設のことが気になったので休日明けは、カルテを読むためにいつもより早く出勤した。

着替えて医務室に入ると、私の机に白と水色とピンクの糸でできた小さな人形が置いてあった。連休前に私が選んだ色の人形だ。

「あしたのお昼に取りにきてな」と言われていたのを忘れたあげく連休だったので、さぞかし北田さんは怒っているだろうと思い、慌《あわ》てて北田さんの部屋に行ったが、北田さんはいなかった。

北田さんの荷物はなんにもなくなっていて、ガランとした部屋に、空っぽのベッドがぽつんとあるだけだった。いつもなら、北田さんのお部屋には人形作りに使う道具や、みんなと一緒に手作りしたペーパークラフトのお雛様《ひなさま》、お誕生日にプレゼントされた写真が飾られている。それがなにもかもなくなって、そこに北田さんがいた証《あか》しはすべて消えてしまっていた。

びっくりしすぎて声も出なかった。

医務室に戻ってカルテを見ると、北田さんは私と約束した翌日に体調が急変して病院に救急搬送され、その日の深夜に亡くなっていた。机の上に人形があったのは、約束の時間に私が取りにこなかったので別の人に預けてくれていたのだった。

人形を見ながら呆然《ぼうぜん》とした。連休前に北田さんとした会話が頭を駆け巡り、悲しい気持ちになってしばらく動けなかった。色を選んで作ってもらった人形は、北田さんの形見になってしまった。

　なんとなく私はコーヒーをふたつ淹《い》れ、その小さな人形の前にコーヒーを置いて、一緒に飲んだ。ものすごく時間が長く感じた朝だった。

第2章

介護される親と、介護する子。親子の美しき絆

第④話 父と娘、唾吐きの効用

入居者の真鍋さんは、

「おねぇちゃん、僕の隣で寝ていって」

と言うのが口癖だった。

真鍋さんは足が悪く寝たきりになっている入居者さんで、痩《や》せた体にいつも真っ赤のトレーナーの上下を着ていた。長く伸びた眉毛がチャームポイントのおじいちゃんだ。

男性介護さんが真鍋さんの介助に入ると、

「俺に触っていいのは、おねぇちゃんだけや！」

と言って抵抗する。

少しだけ動かせる左腕で頑張って抵抗するのだけど、男性介護さんにかなうわけがないとわかると、「カーッ！　ペッ！」と介護さんに向かって唾《つば》を吐いたり、腕に噛《か》みついたりしていた。

女性介護さんには、

「よう来てくれたなぁ」

とニコニコしてなんの抵抗もしない。そして、あまり動かない左手で必死で布団をめくって、

「僕の隣で寝ていって〜」

と言うのだ。「添い寝してほしいんやぁ。寂しいんや〜」といつも言っているので、真鍋さんの娘さんは面会に来るたびいつも怒っていた。

「お父さん！　恥ずかしいからやめてよ！」

そう娘さんが怒ると、

「ええからこっちで寝ようよ〜」

と娘さんもベッドに誘うので、娘さんはさらに怒っていた。

真鍋さんは、私がお部屋に行くと、

「そんな服で俺を誘うなら、せめて隣に寝ていって！」

と言って怒っていた。真鍋さんを誘うつもりでナース服を着ているわけではなかったのだけど、真鍋さんにはそう見えていたのか、いつもプリプリしながら、

「きょうの下着は制服に合ってない！」

と、絶対に透けて見えないセパレートの制服なのに透視して、私の下着にまで文句をつけていた。

私が採血のために注射器を出すと、

「おまえなんか！　こうだ！」

と言って私にもペッと唾を吐いた。

採血をするとき私は真鍋さんの至近距離に立っていて、針を刺しているので迂闊《うかつ》に動けない。真鍋さんはそれを承知で私に唾を吐いたり噛みつこうとするので、いつも介護さんたちに顔を上向きにされていた。

上向きのままでも怒って唾をペッと吐くので、自分で吐いた唾が自分の顔に降ってきて、真鍋さんはさらに怒って唾を吐くという事態が採血や注射のたびに起きていた。私も一応女なのに、真鍋さんは私と男性介護さんにはいつも唾を吐いた。

ある日、面会に来た娘さんが大きな箱に入ったマスクを持ってきた。

「看護婦さん、父にこのマスクをつけてください。いつも唾かけてすみません」

申し訳なさそうに言って真鍋さんにマスクをつけた。娘さんが持ってきたのは立体加工のマスクだったので、前が尖《と》がったマスクをつけた長い眉毛の真鍋さんを見た娘さんは、

「イワトビペンギンみたい！」

と大笑いして写真を撮った。

娘さんがあんまり楽しそうにしているので私は、「娘さん、お父さんと一緒に写真撮りませんか？」と言って娘さんのスマホを受け取った。

真鍋さんはマスクをつけられて怒っていたのだけど、写真を撮るために娘さんがピタッとくっついてくれたのが嬉しかったのか、デレデレしてポーズをとり、ふたりは笑顔で写真に納まった。マスクをしたままの真鍋さんはとても可愛かった。

「父とふたりで写真なんか撮ったことなかったわ。たまにはいいね！」

娘さんが喜んでくれたので、真鍋さんのマスクを外したり、服を着替えたりして、私は娘さんと真鍋さんの写真をたくさん撮影した。

娘さんが帰ったあと、私が真鍋さんの血圧を測りに戻ると、

「さっきはありがとう」

と、真鍋さんは普段言わないことを言った。

「娘さんに、きょうの写真をお部屋に飾ってもらうようにお願いしときましたよ」

そう伝えると、

「誰がペンギンやねん！　俺はマスクなんかつけへんぞ！」

と照れているのか、大声を出してまた唾を吐かれた。


その後も真鍋さんは、「おねぇちゃん、僕の隣に寝ていって～」と言っていたのだけど、だんだんと左手で布団をめくることができなくなっていった。

「真鍋さん、布団めくってくれないと入れないよ～！」

そう女性介護さんたちが言って、真鍋さんが一生懸命に布団をめくろうとするのを応援するという不思議な状況になることが増えてきた。

そんなとき、真鍋さんは私に、

「おねえちゃん、俺、もうあかんわ」

と言った。「なにがあかんのですか？」と尋《たず》ねると、

「布団めくれないから、もう女の子誘われへん」

そう言って深いため息をついた。

「女の子誘えないから、生きてる意味ないわ〜」

と言うので、「誘えないなら寄ってきてもらえるようにしたらどうでしょう」と提案してみた。真鍋さんはニヤリとして、

「で？　どうすんの？」

と聞いてきた。私が、「マスクするといいですよ」と言うと、

「ペンギンやろ、それ！」

と笑って、

「看護婦さん、マスクつけて」

と言った。

若い介護さんたちに、「イワトビペンギンみたいです！」とチヤホヤされた真鍋さんは、

「おねぇちゃん、僕と写真撮って〜」

と言った。真鍋さんはベッドの横に貼られた娘さんとの写真を見て思いついたらしかった。

介護さんたちと大笑いしてたくさん写真を撮り、真鍋さんのお部屋には真鍋さんとスタッフの写真がいっぱい貼られた。

それから真鍋さんは男性介護さんの介助も抵抗しないで受けるようになった。面会に来た娘さんは、

「お父さんは迷惑ばっかりかけていると思って申し訳なく思っていたのに、こんなにみなさんに仲よくしてもらえてるなんて……ありがとうございます」

そう言って、ちょっと涙ぐんだ。

「俺は人気者やからな〜。添い寝したってもえぇで？」

真鍋さんは涙ぐむ娘さんに言い、娘さんに布団の上からぶたれて笑っていた。

「誘わなくなってからのほうがモテるて、どないやねん！」

真鍋さんは笑い、それから娘さんとたくさん写真を撮った。

「優しい娘さんでよかったですね」と私が言ったとき、真鍋さんは私に「ペッ！」と唾を吐いた。久しぶりに唾を吐かれて、私は嬉しくて思わず笑ってしまった。娘さんも私を見て笑い、真鍋さんは私に、

「そんな服で俺を誘うなら、隣に寝ていって！」

と言って怒った。久々のやりとりに、なんだか懐かしい気持ちになり、私はまた娘さんのスマホでふたりの写真を撮った。

「看護婦さんも、父と写真を撮ってくださいよ」

と娘さんに言われて、このとき初めて真鍋さんと写真を撮った。

真鍋さんの部屋の壁には、娘さんや介護さんに混じって私と真鍋さんの写真も貼られた。

その写真の真鍋さんは、私の顔にペッと唾を吐く顔で写っていた。

「大きくなってから父親と写真を撮る機会なんて滅多になかったのに、施設に入ってから写真をたくさん撮るようになりました。いまのほうが父と仲がよい気がします」

娘さんは笑っていた。

第⑤話 父と息子、想いを繋《つな》げたシイタケ狩り

施設では毎月、季節のイベントがある。

お正月には初詣に行き、節分には豆をまき、桃の節句にはお雛様《ひなさま》を飾り、桜が咲いたらお花見に行く。夏には夏祭りが行われるし、秋には敬老会、冬は餅つきやクリスマスパーティーがある。単調な生活になりがちな施設のなかで入居者さんに季節を感じてもらうため、毎月必ずイベントを行っているのだ。

季節のイベント以外にも水族館に見学に行ったり、特にイオンにはよくお買い物に行く。イオンのトイレは車椅子でも使いやすいのだ。回転寿司屋に行くイベントもある。これらの外出系イベントはご家族も一緒に行けるので、お寿司が大好きな入居者さんやそのご家族はとても楽しみにしている。

ほかにも、施設にはいろんなボランティアさんが来てくれる。

特に人気なのが移動美容室で、電動のシャンプー台までついた大きな車で来てくれて、

カットやカラーやパーマを信じられないほど安い料金でしてくれる。入居者さんは、車椅子だったりご家族が多忙だったりなどの理由で外出が困難なことが多いため、移動美容院はとても人気がある。

そのほかにも、婦人会の方がフラダンスショーをしてくれたり、カラオケ名人のおじさんが歌謡ショーを開いてくれたり、タップダンスを見せてくれるボランティアさんがいたり、時代劇映画の上映会もある。

近所の保育園の園児が歌を披露しにきてくれると、懸命に歌う愛らしい姿に大勢の入居者さんが感激して涙を流す。いつだったか「お礼に」と突然、大日本帝国海軍の敬礼をし、大声で軍歌を歌い出した入居者さんがいた。園児たちは想定外の動作と大声に驚いて、みんな号泣してしまうという一幕もあった。

年間スケジュールを見ると、だいたいこれらのイベントが毎週のように入っていて、入居者さんはとても楽しみにしている。

私たち看護師は、おいしいものが食べられる食事系のイベントだけではなく、楽しい外出系のイベントにも付き添いで行く決まりだったので、私はイベントを待ちこがれていた。

なかでも好きだったのは外食イベントだ。ご家族と一緒に食事ができるので、入居者さんの食欲がいつもと全然違うのだ。

もちろん、お寿司や鰻《うなぎ》、パフェなど施設で食べられないものが食べられるので食欲が増すというのもあるけど、それを差し引いてもご家族と同じテーブルで食べる喜びが、その食事量に表れていた。

普段なら、喉《のど》に詰まってむせ込んだり、口にため込んで吐き出したりと、ちっとも食事が進まない入居者さんでも、ご家族と一緒だとむせ込まずに食べられたりする。ご家族の前だから頑張っているのか、嬉しくてお腹が空くのか、家族の存在というのは偉大だなぁとわかりやすく実感できるのが好きだった。

夕方の風が少し冷たくなってきた秋の日、シイタケ狩りのイベントがあった。もぎたてのシイタケを、その場で焼いて食べられるところに行くのだ。車椅子でも入れるようになっているので、歩ける人も、車椅子の人も、希望した入居者さんはご家族と一緒に参加した。

私はシイタケ狩りをしたことがなかったので、たぶん入居者さんよりも楽しみにしていた。採れたてのシイタケを炭火で焼いて食べたらおいしいに違いない。

ただ、ひとつ心配だったのは、今回の参加者に佐沢さんがいることだった。

佐沢さんは、このところ急激に認知症が進んでいた。わからなくなることが増えてきて、いろんなものをなくすようになった。自分のものがなくなるのが怖いので、椅子にぶらさげたり抱え込んだりして、ベッドの上も机も、物であふれかえっていた。

トイレやお風呂のタイミングで介護さんが片づけてくれるのだけど、全部片づけてしまうと、「なくなった！」「盗られた！」とパニックになって、引き出しを全部ひっくり返して探しはじめてしまうのでお部屋が大変なことになる。そんなことが増えてきていたけど、その様子を佐沢さんのご家族はまだ見ていなかった。

佐沢さんのご家族は、息子さんだけだった。佐沢さんの奥さんは若くしてお亡くなりになり、佐沢さんは男手ひとつで息子さんを育てた。

息子さんはそんなお父さんをとても大切にしていて、施設に入所するまでのあいだ、認知症になったお父さんを介護サービスも利用しないでひとりで看《み》ていた。

認知症のせいで時間がわからなくなった佐沢さんは、昼夜逆転してしまい深夜徘徊《はいかい》を始めた。裸足《はだし》のまま外にも出ていってしまうので、息子さんは夜になると自分の腰とお父さんの腰をロープで結んで一緒に寝た。動き回ろうとするお父さんに引きずられ、ほとんど眠れていないのに朝から在宅の仕事もしていた。

あるとき、息子さんが過労で倒れて入院することになった。そこで佐沢さんはうちの施設に緊急ショートステイ*でやってきた。息子さんはそのときも、自分の体の心配よりお父さんを施設に入れることを心配していた。

「見捨てたような気がするから嫌だ」

そうケアマネージャーに言ったそうだ。

介護保険は、自宅の最寄りにある「地域包括支援センター」というところに行くと申請

*ショートステイ（短期入所生活介護）＝施設で日常生活の介護を受けられるサービス。期間限定であり、基本的に医療的なサービスは受けられない。

を手伝ってもらえる。市区町村の福祉課に行ってもいいのだけど、手続きが複雑なので地域包括支援センターに行くのが一番いい。ここは介護のよろず屋さんなので、申請以外でも介護で困ったときは助けてもらえる。

うちの施設には、その地域包括支援センターが併設されていたので、なんの支援も手続きもされていなかった佐沢さんは、緊急措置としてうちの施設にやってきた。本来なら介護認定もされていない、主治医意見書もない人を受け入れることはできないのだけど、息子さんの状況を聞いて施設も拒否することはできなかった。

佐沢さんの担当になったケアマネージャーさんは本当に親切な人で、ひとりで抱え込もうとする息子さんと何度も何度も面会して、その心を溶かした。

佐沢さんは施設の規則正しい生活の甲斐あってか、激しかった認知症の症状が改善された。落ち着いて過ごすお父さんを見た息子さんは、「プロに頼るのも大事なんですね」と言った。

在宅に切り替えていた仕事を会社に通勤する業務に戻してから、息子さんはあまり面会に来れなくなってしまったので、今回のシイタケ狩りは半年ぶりの面会になるのだった。

私は、半年前に比べたらかなり変わってしまった佐沢さんを見た息子さんが、いったいどんな気持ちになってしまうのかを心配していた。

シイタケ狩りに行く日、私は朝から佐沢さんを車に乗せるのに手こずっていた。自分の荷物がどうなってしまうのか、自分がこれからどこへ連れていかれるのか、佐沢さんは不安だらけで落ち着かなかった。私はこんな状態でシイタケ狩りに連れていくのは佐沢さんにとってよくない、そう判断して中止を決めた。これをどう息子さんに伝えようかと悩んでいたとき、なんとお昼に現地集合だったはずの息子さんがお部屋にやってきた。

息子さんは、引き出しがひっくり返り、ベッドも床もいろんなものが散乱している部屋を見てしばらく無言で固まっていた。

佐沢さんは息子さんを見て、

「ユウキ、助けてくれ！」

と叫んだ。息子さんは佐沢さんを抱きしめ、私たちに、

「すみません」

と言った。

私は息子さんと佐沢さんをリビングに案内して、そのあいだにお部屋を簡単に片づけた。全部片づけてしまうとまた佐沢さんがパニックになってしまうからだ。

リビングに戻ると、ふたりは笑いながらお茶を飲んでいた。息子さんは、ケアマネージャーからお父さんの様子を聞いていたので、シイタケ狩りに行けるのか心配で様子を見にきたのだった。

「本当はもっと早くに来たかったんやけど、会社が終わる時間だと面会時間に間に合わなくて……」

そう申し訳なさそうに言った。そばにいた若い女性介護福祉士の小川さんが、

「深夜でなければ、お電話いただけたら面会時間外でも面会できますから」

と声を掛けてくれたので、息子さんはとても驚き、そして喜んだ。

「父はキノコが大好物なんですよ。そやからシイタケ狩りに連れていってやりたかったんですけどね」

と佐沢さんの顔を見ながら残念そうに言った。

「お父さん、シイタケ好きやんなぁ」

息子さんに言われた佐沢さんは、

「そうかなぁ」

と言った。佐沢さんはたぶん、シイタケがなにかわかっていなかった。息子さんは、

「やっぱり認知症が治るってことはないんやね……。こうやってゆっくり、僕のことも忘れてしまうんやろうか」

と寂しそうに言った。リビングにいて息子さんの言葉を聞いていた小川さんが、

「佐沢さんは、息子さんが来てくれるのを毎日待ってたんですよ。だからきょうはすごく嬉しそうですね」

と言ったので、息子さんは少し驚いて、

「父は施設に入って認知症が落ち着きました。僕は、自分の介護が間違っていたんやと思って、ちょっと辛《つら》くて足が向かなかったんですよ」

とボソッと言った。そして、小川さんの顔を見ながら、

「あなた方のようなプロに任せたほうが父は幸せなんだと思って、ちょっと僕、拗《す》ねてた

んですよ。でも、父は僕を待ってくれてたんですね。なんか、ホッとしました」

そう言われて、小川さんも私も言葉が出なかった。

息子さんはお父さんが施設に入って認知症が落ち着いたので、自身の介護を否定されたような気持ちになっていたのだ。

家族を施設に預けると、周りの人から、

「可哀想《かわいそう》」

「自分の親なのに」

「長男なんだから面倒を看《み》るのが当然だ」

などと言われる人が大勢いる。そういう言葉に傷つき、介護サービスに頼ることを悪いことのように感じて、ひとりで抱え込んでしまう人が後を絶たない。

そうなると、介護を必要とする人も、介護をしなければならない人も、互いに人間らしい暮らしができなくなっていく。介護は24時間ずっと続くことで、想定外のことも次々と起きる。大切な人が変わっていくのは受け入れるのがとても大変なので、ご家族は心身ともに疲弊《ひへい》してしまう。

働かないと暮らせないのに、ひとりで介護をしていたらその仕事もままならない。それなのに、介護サービスに頼ることがまるで悪であるかのように言われたら、崖っぷちに追い詰められたような気持ちになってしまうだろう。

いまは3世代で同居生活をしているご家庭のほうがめずらしくなった。女性も子育てしながら仕事も持っている人がたくさんいる。家族の在り方がずいぶん変化しているのに、「親の介護は子供の務め。施設に入れるなんてとんでもない」という概念だけはまだまだ強く残ってしまっているような気がする。

介護サービスには、子供の幼稚園のような感じで利用できる「通所サービス」や、自宅に介護さんが来てくれる「訪問サービス」、私が働いている施設のように暮らす場所を提供している施設と、ニーズに応じたサービスや施設が段階的に用意されている。

いきなり老人ホームに入所するというだけが介護サービスではないので、その時点で必要なサービスをその都度利用しながら、自宅で過ごすことも可能だ。自分の希望にかなうサービスがあるかどうか、自分の納得がいく介護を考える意味では、自分で地域包括支援センターに足を運ぶのが一番だと私は思う。

佐沢さんの息子さんは、自身の入院が父親の老人ホーム入所へと繋《つな》がってしまったので、思うところがいろいろあったのだろうなと思った。

「僕は、もうちょっと父の介護がしたかったんですよ」

そう息子さんは言った。

「それ、ケアマネージャーさんに話しましたか？」

と聞くと、

「ええ、もちろん。ケアマネさんは、父と僕が介護サービスを利用して生活していけるかをいろいろ考えてくださったのですが、僕の仕事を考えたら現実的ではなくて。諦《あきら》めました。でもやっぱり、もっと父にいろいろしてやりたかったって思ってしまうんです」

息子さんがそう話したとき、そばにいて話を聞いていた小川さんが、

「外出も外泊もできるので、食事に行ったり温泉に行ったり、自宅で泊まったりしている人もいますよ」

と伝えてくれた。

「そうなんですか！」

息子さんは目をキラキラさせて詳しい話を聞いていた。

私は事務所に外出届と外泊届の紙を取りにいった。それを息子さんに渡すと、

「きょうはシイタケ狩りに行けなくてがっかりしてたんですが、さっき介護福祉士さんが『おふたりでも全然行けますよ！』って言ってくれたんですよ」

と嬉しそうに言った。

「父は歩けるんやし、僕も仕事の休みを調整すれば、父を自宅に連れていくこともできます。父の状態にもよりますが、もう少し父になにかしてやれるかもしれないと思えました」

そう言って、明るい表情で帰っていった。

昼夜逆転した父親と自分の腰を、ロープで繋いでまで頑張っていた息子さんだ。施設に入ってからもお父さんにできる限りのことをしてあげたいと思うのは当然だった。

私は佐沢さんのシイタケ狩りを中止にしたことを申し訳なく思っていたのだけど、息子

さんの言葉で気持ちが楽になった。きっとこれから先、佐沢さんは息子さんと楽しい時間が増えるだろうし、息子さんも抱えていた罪悪感がなくなっていくだろう。

寒くなってセーターを着るようになったころ、佐沢さんは息子さんと外出届を出してシイタケ狩りに行った。冬のシイタケはとても分厚くて、それはそれはおいしかったそうだ。シイタケを山盛り食べて帰ってきた佐沢さんは、シイタケが好きだったことを思い出したそうで、息子さんは満足そうだった。

私は結局シイタケ狩りには行けなかったけど、佐沢さんの息子さんがシイタケをたくさん差し入れてくれたので、ほかの入居者さんと一緒にホットプレートで焼いて食べることができた。採れたてのシイタケはおいしくて、職員も入居者さんもみんなを笑顔にしたので息子さんも喜んでいた。

施設に親を預けているご家族は罪悪感や喪失感を感じている人が大勢いる。そのことを佐沢さんの息子さんは教えてくれた。

そんなご家族の心に寄り添う声掛けをする介護福祉士さんや介護さんを見ると、長い時間ずっと入居者さんに寄り添っているからこそ出る言葉だなぁと思う。

第⑥話　母と娘、可愛いピンクの晴れ姿

私は入職してからしばらくして、機能訓練の仕事もすることになった。

私以外に理学療法士さんもいるので、基本的には補助や書類仕事が多いのだけど、「集団リハビリ」という大勢で一緒にやる体操やストレッチは私の仕事になった。

特養の機能訓練は、全く歩けない人を歩けるようにするハードなリハビリではない。いまできる動作の維持や、いまある筋肉の維持がメインだ。寝たきりにならず自力でトイレで排泄できる期間をできるだけ延ばそうと、手すりにつかまって立つリハビリも、力を維持するためにはとても大切なのだ。

体操やストレッチは脳のトレーニングにもなるため、認知症の入居者さんの体と頭の運動としても取り入れられている。

私は体操が苦手だった。右手はパー、左手はグーにして、手を交互に伸ばしながらグーとパーを入れ替えていく。それをＮＨＫの歌のお兄さんのようにテンポのいい童謡を大き

な声で歌いながらしなければならない。運動神経の悪い私にはとんでもなく難しかった。認知症の方に体操をしてもらうには、言葉で伝えるより身振り手振りが一番わかりやすい。私は入居者さんにわかりやすく伝えられるように、自宅で童謡を歌いながらの体操をものすごく練習した。

あるとき、私は新規の入居者さんの機能訓練の補助をすることになった。

その入居者さんは宝田さんといって、とても小さく折り畳まっている人だった。10年以上前に脳梗塞《のうこうそく》になったあと、ご自宅で娘さんによる介護を受けていたそうで、病院を退院してからリハビリはしていなかった。

宝田さんの体はすでに「*痙縮《けいしゅく》」から「*拘縮《こうしゅく》」へと移行してしまっていた。手も手首も肘《ひじ》も肩も、凍えるような姿勢で内側に丸まり、膝《ひざ》も腰も曲がって、赤ちゃんがお母さんのなかにいるときのような姿勢だった。着替えをするために足を伸ばそうとしても、宝田さん

＊痙縮＝脳卒中のあとに現れることが多い症状。筋肉が過度に緊張して手足が動かしづらい、あるいは勝手に動いてしまう後遺症。
＊拘縮＝関節周辺の組織が萎縮して、可動域が制限される現象。

の痩《や》せた筋肉が思い切り力を入れて、関節を伸ばすことに抵抗していた。長いあいだ痙縮の治療をしなかったので、宝田さんはご自宅でこのままの姿勢でずっと寝ていたらしかった。

理学療法士の黒崎さんが、硬く握った手を優しくほぐしながら開くと、伸びた爪が手のひらに当たって内出血のようになっていた。私は黒崎さんに頼んで宝田さんの手のひらを伸ばしたままにしてもらい、長く伸びた爪を切った。指の関節を伸ばされた宝田さんは、悲痛な顔をしていたので急いで爪切りをした。看護業務として心電図も撮りたかったのだけど、その姿勢のせいでなかなか正確な心電図を撮ることができなかった。

黒崎さんは格闘技をしているそうで、色黒でムキムキの体をしている。強そうな体は白衣を着ていても盛り上がった筋肉でわかるので、女性入居者さんから、「ええ体してるなぁ。ちょっと触らせて～」と言われてベタベタ触られていた。それでも笑ってポーズをとったりする優しい人だ。そんな黒崎さんが、「ここまで拘縮がきつい人、久しぶりですね……」と浮かない顔をしていた。私もここまで拘縮がきつい人を初めて見たので、宝田さんの辛《つら》さを思って悲しかった。

「娘さんひとりで介護していたなら、ものすごく大変だったでしょうね」

黒崎さんは宝田さんの体を優しくほぐしながら私に言った。私も同じことを考えていた。

宝田さんを介護していた娘さんは長いあいだ、宝田さんの年金だけを頼りにひとりで介護をしていた。ギリギリの生活だったので、自身の体調が優れなくても病院に行くことはなかった。そのせいで、娘さんは癌《がん》の発見が遅れ、痛みで病院に行ったときには手遅れの状態だった。宝田さんにはほかにお付き合いのある親戚もないとのことで、そのあとうちの施設にやってきた。いままでどうしていたのかほとんど情報がなく、病院に連れていって検査をしようにも、この姿勢なのでいろいろと難しかった。

介護さんたちはそれでもできる限りのことをと、宝田さんがなるべく痛くないようにケアする方法を黒崎さんに指導してもらっていた。その甲斐あってか、拘縮がすぐに治ることはなかったのだけど、着替えも前よりはできるようになってきていた。

宝田さんが入所してから1カ月が過ぎたころ、娘さんの病院から電話がかかってきた。娘さんがお母さんに会いたがっているので面会に来れないか、とのことだった。

それはなんとしてでも行かなくてはと、翌日宝田さんを連れて娘さんの病院に行くことになった。

その日、外は雪がチラつくような寒い日だった。

宝田さんが寒くないようにと、介護さんが用意してくれた服を着せるのに、ものすごい時間を要した。関節を伸ばすたびに悲痛な顔をする宝田さんに、

「娘さんに会いにいくから、少しのあいだ辛抱してね」

と介護さんは声を掛けながら着替えを進めてくれるのだけど、小さく折り畳まっている宝田さんの体は、冬用の分厚い服をなかなか受け入れてはくれなかった。たびたび苦悶《くもん》の表情を浮かべる宝田さんを見て、介護さんたちも辛そうな顔になっていった。

着替えが終わって、可愛いピンク色のニット帽をかぶった宝田さんはとても若々しく見えた。グレーのポンチョをまとって車椅子に乗った宝田さんを、介護さんは廊下にある大きな鏡の前に連れていき、

「宝田さん、見てください！　コートも帽子もめっちゃ似合ってますよ。娘さんもきっと喜びますよ！」

と声を掛けた。

それまで、宝田さんがなにか意思表示をしてくれたことはなかったのだけど、このとき「コクン」と首を動かしてくれたので、介護さんたちは「わぁ！」と大喜びした。

私は車椅子と宝田さんの隙間にクッションをたくさん入れた。そして施設の車に車椅子ごと乗せてもらい、ふたりで娘さんがいる病院へ向かった。娘さんの容態はかなり悪いと聞いていた。

病院に到着して、娘さんの病室へ急いだ。この病院は、宝田さんも入所前の検査で少しだけ入院していた病院だった。同じ病院に母娘で入院していたのだけど、宝田さんは娘さんに会わないまま退院してうちの施設に来たので、きょうは1カ月ぶりの顔合わせだった。

娘さんの病室に行くと、娘さんはベッドを起こして座っていた。鼻に酸素のチューブをつけ、顔色はとても悪かった。

「こんにちは」と声を掛けると、娘さんはゆっくりとこちらを向いて、しばらくお母さんを見つめたままポカンとしていた。そうしてから、

「……お母さん！」

と声をあげた。

もう歩けないのか、ベッドから手だけを伸ばす娘さんを見て、私はお母さんと触れ合えるように車椅子をベッドのわきにつけ、ふたりだけにしてあげようと思い娘さんの病室から外に出た。

私は病棟の看護師さんに娘さんと宝田さんが面会していることを告げ、娘さんのことを少し聞いてから病室に戻った。

娘さんは泣いていた。

「私のほうが先に行くことになるなんて、考えてませんでした。母を残して行くことが心配で仕方がなかったんですけど、きょう、こんな可愛いコートを着た母を見て安心しました」

そうゆっくりと言って、折り畳まっている宝田さんの体に手を伸ばした。

私は宝田さんからポンチョを外して、娘さんが宝田さんの手を握れるように車椅子の角度を変えた。娘さんの病衣から伸びた手は、ものすごく細かった。

「最初にお母さんを見たとき、誰だかわからなかったです。こんなに綺麗《きれい》にしてもらって、よかったね、お母さん」

と、娘さんは喜んでくれた。

宝田さんはほとんど服を持っていなかったので、介護さんたちが施設に寄付された服のなかから一生懸命に選んでくれたのだった。

「この服、どうやって着せたんですか？」

娘さんはひとりで介護をしているあいだ、どんどん関節が縮こまる宝田さんにオムツ以外は浴衣だけを着せることで、痛がるのを回避していた。

介護さんと私とでゆっくりと関節を伸ばして着替えをしてもらったのだと話すと、娘さんはまた涙を流した。

「介護サービスはお金がかかると聞いたので、相談したこともなかった」

と、こぼれる涙を拭いていた。

その手が本当に細くて、ひとりで病院にいる娘さんも心細かっただろうと私も泣きそうになった。もっと早くに娘さんと出会っていたら、娘さんの治療も間に合ったかもしれないと思って胸が痛くなった。

翌日、私は休みだった。その日、宝田さんは朝から高熱が出て施設では対応できなくなり、提携病院に入院した。外が寒かったから風邪を引いてしまったのかと職員みんなが心配していた。本当は娘さんが入院している病院を希望したのだけど、ベッドがいっぱいで別の病院になってしまった。

私は休み明けにそのことを知って、宝田さんが元気で戻ってきてくれることを祈っていた。しかし翌週、ケアマネージャーさんから宝田さんが入院先で亡くなったことを聞いた。

あの日、娘さんは、「私のほうが先に行くことになるなんて……」と、母を残していかなければならない胸の内を涙声で話してくれていた。それを母親である宝田さんはずっと黙って聞いていた。

意思表示をしてくれない宝田さんが、娘さんの話をどんな気持ちで聞いていたのかはわからない。ただ、宝田さんは急に体調を崩して娘さんより先に天国へ旅立っていった。

私は宝田さんの葬儀に出られなかった。施設からは介護主任と事務長が参列した。娘さんは車椅子でお母さんの葬儀に来ていたとのことだった。

戻ってきた事務長によれば参列者の誰もが、「母である宝田さんが、自分を気遣《づか》う病気の娘のことを思って先に逝《い》ったのではないか」と言っていたそうだ。体は動かなくても、宝田さんは最後まで娘想いの立派なお母さんだったと、私は思った。

その後しばらくして、娘さんもお母さんのいるところへ旅立ったと聞いた。

宝田さんのお部屋には、宝田さんのために介護さんたちが手作りしてくれたクッションがたくさん置かれていた。施設に来たばかりで、まだ写真も飾りつけもない宝田さんのお部屋はとても寂しく見えた。

第⑦話 母と息子、縁起物の恵方巻

2月は節分がある。節分のイベントといえば豆まきだったのに、最近は恵方巻《えほうまき》のほうがメインになったような気がする。スーパーやコンビニには、大量に恵方巻が並んでいて、その浸透度の高さがうかがえる。

その波はうちの施設にもやってきた。この時期に面会に来られるご家族が、お土産《みやげ》として恵方巻を持参されることが増えたのだ。

ところがこの恵方巻、〝高齢者にとって海苔《のり》巻きは、命を奪う事故になりかねない危険な食べ物〟という事実はあまり知られていない。

恵方巻は、当たり前だが海苔で巻いた巻き寿司である。水分を含んだ海苔は、噛《か》み切りにくく、喉《のど》に詰まる確率が一気に上がる。しかもお刺身もたくさん入っているので、全然噛み切れず喉に詰まる危険性がとても高いのだ。

「縁起物だから」と、切らずに長いままで食べることを推奨《すいしょう》している恵方巻は、高齢者には命がけの食べ物と言っても過言ではない。なのでうちの施設では、恵方巻を持ち込むときは申し出ていただいて、カットしてから食べてもらうようにお願いしている。

ところが、である。

入居者の野口さんの面会にやってきた息子さんは、あえてそれをしなかった。

野口さんは、重度の老人性難聴で耳がほとんど聞こえていなかった。ご自宅で息子さんと暮らしているときから、補聴器も耳鼻科も全部拒否していまに至る意思の強いおばあちゃんだ。

あまりに聞こえていないので、さぞかし生活が不便だろうと心配したのだけど、息子さんは、「昔から人の話なんか聞かないで一方的に話す人やから、たぶん本人は不便と思ってないですよ」と笑っていた。

息子さんの言う通り、野口さんはひとりでいてもずっと大声で話していて、しかもときどき大笑いしていて楽しそうだった。

そんな野口さんは食べることが大好きで、入所時に主治医から提出される診療情報提供書には「糖尿病」と記載されており、朝食前と必要時の血糖値測定が指示されていた。

糖尿病を放置すると血管に悪影響を及ぼし、指先に神経障害が出たり、網膜や腎臓の機能に障害が出たりする。野口さんは長年、わりと放置気味な自己管理で過ごしていたようだったが、施設ではケアマネージャーの勧めもあり、糖尿病専用のカロリー計算された食事に変えていた。

ただし、うちの施設のコンセプトは「家」なので、病院のようなきっちりしたものではなく、ゆる～く、ある程度楽しめる食事内容になっている。

糖尿病であっても血糖値さえ安定していれば、たまには好きなおまんじゅうを食べたりクレープを食べたり、お酒を飲むのも全然オッケーにしている。

もちろん、ご家族やご本人の希望があれば、食事制限をきっちり行うことも可能だが、老人ホームは病院ではないので、「積極的な治療」は行っていない。積極的な治療を望まれる場合は、設備が充実している病院への入院を勧めている。

野口さんの食事も、実際にはほかの入所者さんとほとんど変わりなかったのだけど、息子さんは施設での食事風景を見たことがなかったので、「糖尿病食なんか食べさせられているお母さんは、可哀想《かわいそう》だ」と思っていた　施設に入るまでは、ご自宅で食べたいものを食べたいだけ食べて過ごせたのに、施設に入った途端、糖尿病食を食べることになった母親をとても不憫《ふびん》に思っていたのだった。

実際、施設に入所してから野口さんはカロリー計算によって少し体重が減っていた。母親が痩《や》せていくのを見て、息子さんは余計に不憫に思ったのだろう。

節分の日、息子さんはお母さんのためにとても大きくて太い恵方巻を買った。

息子さんは、「恵方巻が職員に見つかれば、食事制限があるのだから取り上げられてしまう」と思っていたので、こっそりと恵方巻を持ち込んだ。

息子さんのなかでそんなことになっているとは全く知らず、私は息子さんが面会に来られていると聞いて、お渡しする約束になっていた野口さんのクリスマスイベントのスナップ写真を持ってお部屋に向かった。夕食の時間が近いので、厨房《ちゅうぼう》からいい香りがしていた。

「こんにちは～」と部屋のドアを開けると、ぶっとい恵方巻を両手で支え、さあいまからかぶりつくぞ！と野口さんが大きな口を開けていた。

野口さんは一瞬だけ私のほうに目を向け、そのまま構わず恵方巻にかぶりついた。息子さんは焦《あせ》った様子で、「あっ、あの……これは、違うんです！」と言って私が部屋の奥に入るのを止めようと両手を広げてドアまで走ってきた。

私は息子さんに制止されながら、部屋の奥のソファで恵方巻にかぶりつく野口さんの周りを見た。お茶などの飲み物があるかどうかの確認がしたかったのだ。

そこに、お茶はなかった。

直後、野口さんは、「おえええぇ！」と言ってむせ込んだ。私はとおせんぼする息子さんをすり抜けてソファーに駆け寄り、野口さんの背中を叩いた。口のなかを見ると、海苔が

唇《くちびる》から上あごにかけて貼りつき、長いマグロのお刺身が口からビロ〜ンと伸びていた。

私は廊下に向かって大きな声で吸引器を持ってきてほしいとお願いし、野口さんの口のなかに手を突っ込んで詰まった恵方巻をかき出した。息子さんはパニックになって、へたりこんでしまっていた。

息子さんはお茶を用意していなかったので、野口さんは口のなかが乾いたままの状態で恵方巻にかぶりついてしまった。ただでさえ乾燥気味な野口さんの口に、恵方巻の海苔は容赦《ようしゃ》なく貼りつき、野口さんは激しくむせ込んでしまったのだった。

恵方巻を持参したことをスタッフに申し出てくれていたら、お茶も用意できたし、小さめにカットすることもできたし、吸引器も準備できたのだけど、今回はそうできなかったことを残念に思った。

野口さんは大事に至ることなく恵方巻を吐き出し、ゲラゲラと笑った。全部吐き出せたことにホッとして振り向くと、息子さんは、下を向いて部屋の隅っこの床に座っていた。

「大丈夫ですか?」と息子さんを野口さんの座る2人掛けのソファに案内して、スタッフが淹《い》れてくれた温かいお茶を渡した。

「ぶえぇ〜」と、お茶を飲んだ野口さんが至福の吐息を吐いたので、私と息子さんは目を合わせて笑った。

息子さんがなにか言いたそうにしたとき、さっき吸引器を持ってきてくれたスタッフが、残った恵方巻を細く切り分けてきて、「遅くなりましたが、どうぞ」と息子さんに渡した。大きくて太い恵方巻だったので、カットしたらものすごい量に見えた。

本来ならむせ込んだあとは食べないほうがいいのだけど、野口さんの様子が落ち着いていたし息子さんの気持ちもあったので、そのまま食事を再開することにした。ただ、問題なのは野口さんの血糖値がここのところ不安定なことだ。

夕食の時間も近かったし、恵方巻の量もすごかったので、念のため血糖値を測ることにした。息子さんはシュンとしているし、野口さんも山盛りの恵方巻が目の前に置かれている状況での血糖測定は酷《こく》だったが、それでも確認をしたほうがいいと思った。

私は仕方なく、

「申し訳ありませんが、血糖値を測らせてください」

と、野口さんに血糖測定器を見せた。すると息子さんが、

「どうしてそこまでするんですか！　たかが恵方巻くらい、食べてもいいじゃないですか！」

と大声をあげて私から血糖測定器を取り上げた。

私は息子さんがこうすることを、お母さんへの愛だとわかっていた。

「私も野口さんに恵方巻を食べていただきたいんです。安全な形で」

それだけ言って、私は息子さんから2、3歩後ろに下がった。

しばしの間のあと、息子さんは私に血糖測定器を返してくれた。


血糖測定には、血液がちょっとだけ必要になる。毎回食事の前に、指先や耳たぶにチクッと針を刺して血液を採り、手のひらサイズの専用機器に差し込むと血糖値がその場でわかる。毎度のことなので野口さんはなんの抵抗もなく右手の人差し指を出し、私は消毒をして針を刺した。息子さんは苦々しい顔をして見ていたが、次の瞬間、私と一緒に絶叫した。

血糖値がとんでもない数値を叩き出してしまったのだ。実際にこんな数値を見るのは初めて。いつ昏睡《こんすい》状態になってもおかしくないくらいの血糖値だった。

もはや恵方巻どころではない。

しかし、目の前に切り分けた山盛りの恵方巻が置かれ、お茶まで飲んで、野口さんの意識は全力で恵方巻に向いていた。

非常に言いづらい状況のなか、私は意を決して息子さんに、

「恵方巻は諦《あきら》めてください。危険な状態なのでいまから提携病院に向かいましょう」

と告げ、野口さんと筆談するために置かれている小さなホワイトボードに、

「いまから病院に行くので、病院から帰ってきたら食べましょう」

と書いて見せた。

すると、食べる気満々だった野口さんは怒ってホワイトボードを私の手から叩き落し、皿から恵方巻をひとつつかんで口のなかに捻じ込んだ。

私はその様子を見ながら、スタッフに提携病院に搬送する準備をお願いし、残った恵方巻の皿を手に取ったとき、息子さんが大声で言った。

「もういいんですよ！」

私は固まった。

「もういいんです。これ食べて死なせてやってください。食べたいんですよ、母は！」

そう言って、息子さんは泣いた。

正解はなんなのだろう。私が野口さんだったら、食べて死にたいだろうか。私の親がこの状況だったら、私は同じことを言うだろうか。一瞬固まっているあいだ、それが頭をよぎった。

「僕が身元引受人なんだから、僕が決めていいんですよね？　こんな年まで生きて、いまさら治療してなんになるんですか！　可哀想じゃないですか！」

息子さんは顔を真っ赤にして怒った。

私はもっと早くいろいろお話を聞いておけばよかったと、ものすごく後悔した。ひとりでいっぱい抱えて悩んでいたんだろうなと思った。

「息子さん、いまはこの恵方巻は食べられませんが、病院から戻ってきたら、またいろんなものが食べられるようになりますよ」

と精一杯伝えた。

事務所のスタッフが、搬送先の病院と車の準備ができたことを伝えにくると、息子さんはプイッと部屋から出ていってしまった。私は野口さんを施設の車に乗せて提携病院の救急外来まで行った。

野口さんはそのまま入院になった。診察が終わり、入院手続きのために病院のロビーで待っていると、事務所のスタッフと息子さんが入院のための荷物を持って自動ドアから入ってきた。

「さっきはすみませんでした……」

息子さんは下を向いたまま言った。

「謝らないでください。私のほうこそすみませんでした……」

謝罪して、病院の診察結果を伝えた。

1カ月後、野口さんは無事施設に帰ってきた。血糖値も安定して、前より元気そうだった。

私はあの日、息子さんに渡しそびれてしまった野口さんのスナップ写真を渡した。

「やっと渡せました。クリスマスからずいぶん日が経《た》ってしまってすみません」

そう言うと、

「あのとき看護婦さんが来てくれなかったら、この写真が遺影だったかもしれませんね」

と、封筒の写真から1枚取り出して笑った。

息子さんが見せてくれた写真は、トナカイのかぶりものをかぶり、ニンマリ笑った野口さんのアップだったので、ふたりで長いこと笑った。

それから2時間ほど、私は息子さんの話を聞いた。お母さんのことが大好きな息子さんだった。なかなか人に相談できないタイプで、あのときはひとりで考えすぎて追い詰められてしまっていたと話した。施設への不安や不満、病気の心配などをたくさん聞いて、たくさん話し合った。息子さんはお母さんに楽しく長生きしてほしいと願っていた。

「ゆっくりお話しできてよかったです」

ふたりで笑って、私は息子さんを見送った。

あれから息子さんは、おやつや食事を持ち込むときは事前に知らせてくれるようになった。たこ焼きや果物をちょこっと持って、前より頻繁《ひんぱん》に面会に来てくれるようになった。嬉しそうにする野口さんを見ながら、息子さんが、「あのとき死ななくて本当によかった」と笑って言ってくれたので、私はホッとした。

恵方巻は縁起ものかもしれないけど、野口さんはあの日、恵方巻にかぶりついてあやうく命を落とすところだった。

でも、あのとき大きな恵方巻を食べようとしたから念のため血糖測定をすることができて命拾いをし、退院後に息子さんの面会が増え、野口さんはおいしいものをちょこちょこ食べられるようになった。

結局、野口さんにとって恵方巻は縁起物だったのかもしれないなと、私は思った。

第3章

認知症でも、動けなくても、いくつになっても、夫婦愛

第⑧話　夕刻のふたり　いつか訪れる別れの日まで

夕方になると、入居者の山岡さんの奥さんがやってくる。どんなに雨が降っても、風が吹いても、山岡さんの奥さんは毎日夕方にやってきてご主人を見舞う。

たいていひとりでやってくる奥さんだが、その日は違った。

その日、奥さんは山岡さんの妹さんとふたりでやってきた。奥さん以外の面会者を見るのはこれが初めてだった。

面会者が施設のなかに入るには、玄関横の受付で「面会者カード」に名前と入居者さんとの続柄を記入しなければならない。入居者さんによっては面会する人を選びたいという事情がある方もいらっしゃるので、訪ねてきた人全員が施設に入れるわけではないのだ。どの入居者さんに面会しにきたのか、事務職員が確認作業を行い、問題がなければ「面会者」と書いた名札を胸につけ、それで初めて施設のなかに入ることができる。

奥さんは私の顔を見るなり、「主人にこれを食べさせてやってください」と、プラスチックでできた味噌の入れ物を差し出した。スーパーで売っている四角い味噌のパックだ。中身は味噌ではないとわかっていた。ただ、まさかということもある。いずれにせよ、その場で中身を確認させてもらった。

なかには洗ってヘタを取った綺麗《きれい》なイチゴが詰まっていた。「お兄ちゃんはイチゴが大好きで……」と、妹さんが横からニコニコして言っていたので、味噌のパックにイチゴを入れて持ってきたのは奥さんではなく妹さんだろうなと思った。

山岡さんは、ずいぶん前からペースト状にしたものを食べていた。食べ物を咀嚼《そしゃく》して飲み込むという機能が低下しているので、固形のものだと激しくむせ込んですぐに肺炎になってしまう。

固形のものが食べられない山岡さんは、シャビシャビの飲み物もダメだった。シャビシャビの飲み物は、山岡さんの飲み込むタイミングより先に喉《のど》や気管にサラッと到達するので、むせ込んでしまい普通に飲むことができない。山岡さんが口に入れることができるのは、ペースト状の食べ物か、ゼラチンでプルプルに固めたお茶やジュースだけだった。

毎日面会に来ている奥さんがそれを知らないはずがない。でも、妹さんが味噌のパックにイチゴを詰めて持ってきたので、断り切れなかったのだろうなと、私は勝手に思っていた。

私は味噌のパックを持って奥さんたちと一緒にお部屋に行った。たぶん山岡さんがイチゴを食べるのは難しいだろうと思ったけど、どれくらい飲み込む機能が落ちているかをその目で見るまでは納得されないだろうと思ったからだ。

お部屋に入って味噌の蓋《ふた》をあけると、詰まったイチゴの下のほうに、なにか茶色の物体が見えた。まさか残った味噌の上にイチゴが入っているのか……と不安になったので味噌の蓋にイチゴを全部出してみた。

すると底のほうに入っていたのは、小さくカットしたエビフライだった。イチゴの水分でエビフライの衣はブヨブヨになっていて、散らばったパン粉も水を含んでベッチョリしていた。どうしてエビフライの上に洗ったイチゴをそのままの入れてきたのだろうか……。

奥さんは黙って私の手元を見ていたが、妹さんは一瞥《いちべつ》もしないで山岡さんにずっと話しかけていた。

山岡さんは元々無口な人だったらしい。私も山岡さんの声は滅多に聞けないので、たまに返事をしてもらえるとものすごく嬉しい気持ちになる。話せないわけではなかったけど、山岡さんは頷《うなず》くか、首を振るかで答えることが多かった。

山岡さんは足も腰も悪くて立ち上がることができないので、車椅子に座っているか寝ていることがほとんどだった。昔は日本拳法という武術をしていたらしく、ごつごつした拳《こぶし》や太い手首は山岡さんが強かったのだろうとわかる太さを保っていた。

私は大柄な山岡さんをベッドから車椅子に移し、お部屋にあるソファの向かい側に山岡さんの車椅子を停めた。奥さんと妹さんはソファに並んで座り、真んなかのテーブルには妹さんが持ってきたであろう味噌のパックと、イチゴ、衣がブヨブヨのエビフライを置いた。

私はまず、自分が持ってきたゼラチンで固めたカルピスをほんの少しスプーンですくって、「山岡さん、カルピス飲みませんか?」と勧めた。すると妹さんが、

「イチゴよ！　イチゴ！」

と大声で言って立ち上がり、テーブルのイチゴを手でつまみあげた。あっと思って立ち上がって妹さんを止めようとしたとき、山岡さんは歯を食いしばり、妹さんがイチゴを口に入れようとするのを自分で阻止した。

「なによ！　せっかく持ってきたのに。お兄ちゃんイチゴ好きでしょ！」

妹さんはプリプリと怒り出し、つまんだイチゴを自分の口に放り込んでソファにドカッと座った。

私は妹さんに、山岡さんが普段から固形のものを食べていないのだと説明した。飲み込む機能が落ちているので、喉に詰まったり肺炎になったりする可能性があることをゆっくり伝えた。

奥さんは、ずっと黙って私を見ていた。

妹さんは全然納得してくれなかった。

「イチゴなんか、柔らかいから大丈夫よ！」

そう言い張る。

確かにイチゴは柔らかい。なんならイチゴの水分でブヨブヨになったエビフライの衣も相当柔らかいとは思う。でも、山岡さんはそれを食べるのが難しくなってしまっているのだ。残念だけど妹さんには諦《あきら》めていただくしかない。

そのとき、

「……要《い》らん」

と山岡さんが口を開いた。

妹さんはその言葉にものすごく怒って、山岡さんに向かって一方的に文句を言い出した。奥さんは、ずっと黙っていた。

すると、妹さんが鞄《かばん》から個包装になっているカステラをひとつ取り出した。

「カステラなら食べられるでしょ！」

妹さんは、妹さんなりに山岡さんになにかしてあげたいのだろうと私は思った。だけど、妹さんが持ち込んだものはどれも、いまの山岡さんが食べられるものではなかったので断るしかなく、とても言い出しにくかった。

カステラは柔らかいので、一見食べやすそうに見える。でも、これが大間違いなのだ。唾液が少ない高齢者は、お茶などを飲んでからカステラを口に入れないと、ただでさえ少ない口のなかの水分をカステラに持っていかれて飲み込みづらくなる。

カステラはポロポロと粒状に砕けるので、それがひと粒でもストンと気管に入ると、とんでもなくむせ込む。また、口のなかにカステラをため込んだまま飲み物を飲むと、わりとがっちりした固形になり、飲み込む機能が低下した人には危ない食べ物になる。ペーストにしたものしか食べていない山岡さんは、カステラさえも難しかったのだ。

山岡さんは口をしっかりと閉じて「絶対になにも口に入れない」という意思表示をしたので、妹さんは激怒して奥さんを残して部屋から出ていってしまった。せめてゼリーかプリンだったら話は違ったと思う。それを伝えるより先に妹さんは部屋から出ていってしまった。

「……お父さんはエビフライなんて好きじゃなかったよねぇ？」

奥さんはゆっくりと言い、山岡さんは固く閉じた口を緩めて、

「うん」

と頷いた。

妹さんが山岡さんと会うのがどれくらいぶりなのかはわからなかったけど、イチゴとエビフライが好きだという情報はかなり昔か、間違った情報だったのだろう。山岡さんはどちらも「好きじゃない」と言った。

私はイチゴとエビフライをまた味噌のパックに戻して、奥さんに渡した。奥さんはそれを嫌そうに受け取り、鞄に入れながら、

「これを食べて主人が肺炎になったら、3度目ですもんね」

としみじみ言った。

「3度目は助からないんじゃないかと思っています。だから食べなくてよかった」

そう言って私を見た。

山岡さんは過去に2度、誤嚥性《ごえんせい》肺炎で入院していた。そのときにご家族は病院の医師から「覚悟してください」と言われて覚悟していたけれど、山岡さんは期待をよい意味で裏切って復活した。奥さんは退院できたときに泣いて喜んだ。

でも、息子さんは怒っていた。

「次、もし肺炎になっても病院には入院させません。こんなふうに毎回復活されていたら、僕らが落ち着いて生活できないです」

と山岡さんの前で言い放った。

せっかく元気になったのに、山岡さんの息子さんは喜ばなかった。

最後までできる限りのことを……と望まれる入居者さんは、体調が悪くなると入院される。施設では夜間に医師も看護師もないので、延命治療はできないからだ。一方で、「老衰なのであれば延命は望まない」「病気の治療を行っても治る見込みがないので、このままでいい」と施設での最期を望まれる方も大勢いる。

水分摂取もままならず、もちろん食事もしていないのにそのまま1カ月以上も生きた入

居者さんがいた。医師から「長くても1週間くらいでしょうねぇ……」と言われていたそのご家族は、3週間目に入ったころ、

「あのぉ、妻はいつまで生きているんでしょうか」

と困った顔をして私に聞いた。答えられるものなら私も答えたかったけど、命の終わりは誰にもわからない。

「なんとしても死なせないでくれ！」というご家族もいる一方で、「いつまで生きているんでしょう？」と尋《たず》ねるご家族もいる。

もしも寿命の尽きる日が決まっているのなら、どんな状態であってもその日までは生きていられるのだろう。そんなことになっているのかどうかは、神様にでも聞かないとわからないのだろうけど、それ以外で説明がつかないことを私は何度か経験した。

山岡さんの妹さんは、あれから見舞いには来なかった。味噌のパックも、あれから持ち込まれることはなかった。

奥さんは翌日も、いつものように夕方に面会に来て山岡さんとふたりの時間を過ごして

帰っていった。

ご家族とご本人の希望で、山岡さんは自分の口から食事が摂《と》れなくなったら、入院治療をしないことになっている。私は山岡さんに平穏な生活が長く続きますようにと祈った。

第⑨話　大好きすぎて、あほんだらぁ！

坂口さんは、ご夫婦でうちの老人ホームに入居している。

苗字で呼ぶとおふたりとも振り向いてしまうので、奥さんの希望で、「坂口お母さん」「坂口お父さん」と呼び分けている。

ふたりはいつも「お父さん」「お母さん」と呼び合う仲睦《なかむつ》まじいご夫婦で、ほかの入居者さんからも羨《うらや》ましがられていた。

坂口お父さんは、奥さんいわく「ものごっつい浮気者」だそうで、奥さんの前でも臆《おく》することなく女性入居者さんに話しかける社交的な性格が原因で、いつも奥さんに怒《おこ》られていた。その喧嘩《けんか》はとても可愛らしく、嫉妬《しっと》した奥さんが突如怒り出し、「こんなことで心配するな！　僕が愛しているのはお前だけだ！」と言って終わる。

私はそんなふたりの様子を見るのが大好きだった。

おふたりとも現在80歳で、結婚してからずっとふたりで中華料理店を営んできた。ラーメンがおいしくて有名なお店だったそうだが、3年前、坂口お父さんが奥さんのぽってりと出っ張ったお腹《なか》を指し、

「お前のそのお腹！　誰の子供を身ごもったのか！」

と激昂《げきこう》した。

奥さんは最初、冗談だと思って笑っていたけど、そのうちそれが本気の怒《いか》りだと気がついて、身の潔白を晴らすために一緒に産婦人科に行ってエコーまで撮った。年齢から考えても、妊娠などあり得ない話なうえ、そんな行為もしていないのに、坂口お父さんは産婦人科に行くまで頑《がん》として信じなかった。産婦人科に行って医師から同じように説明を受けても、エコーを撮って見るまで納得しなかったそうだ。

それが坂口お父さんが認知症だと気がついた最初の事件だった。

それをきっかけに店をたたんですぐ、坂口お母さんも膝《ひざ》を悪くして歩けなくなり、あっという間にふたりは介護度が高くなって、うちの施設にご夫婦で入所した。

現在の特別養護老人ホームは介護度が3以上ないと入所が難しく、ご夫婦での入所はわ

りと珍しかった。坂口ご夫妻は「夫婦部屋」と呼ばれるベッドをふたつ並べた広めのお部屋で生活していた。

坂口お父さんは自分の足で歩けるので、日中の大半をほかの入居者さんも過ごすリビングルームで賑やかに過ごしていた。坂口お父さんのなかでは、自分はまだ若く、現役で中華料理屋を営んでいると思っているようだった。

奥さんは認知症ではなかったが、車椅子に乗らなければ動けなかったので、

「迷惑かけたくないし、ボケてる人ばっかりで話もできないから行きたくない」

と、あまり部屋から出ようとしなかった。

ある日、そんな坂口お母さんが、リビングルームでほかの入居者さんたちと楽しそうに笑っていた。その日は*傾聴《けいちょう》ボランティアさんが来てくれている日で、そのボランティアさんといろんなお話をして楽しんでいるようだった。

*傾聴ボランティア＝傾聴すること、すなわち「聞き上手」で「話し相手」の役割を担うボランティア。

若いボランティアさんは笑顔が素敵な方々で、数人の入居者さんと昔の話などをして盛り上がっていた。

私はふと、いつも賑やかにしている坂口お父さんがいないことに気がついて、

「お母さん、お父さんはどこにいるんですか？」

と尋《たず》ねると、

「昨夜、ひと晩中起きていたから、きょうは朝から部屋でずっと寝てるんです」

と言って、傾聴ボランティアさんたちとの話に戻ってしまった。久しぶりにちゃんとした会話がゆっくりとできることに、楽しくて仕方がない様子だった。

最近、坂口お父さんは夜の徘徊《はいかい》が増えていたのだが、日中ずっと寝ることはなかったので、私はドキッとして足早に部屋に向かった。

「コンコン」とノックをして少しドアを開けると、坂口お父さんのベッドから「お〜い、お〜い」と声が聞こえた。慌《あわ》ててなかに入ると、真っ白の布団のところどころが赤く染まっていた。首まで掛布団をかぶった坂口お父さんの顔や手、枕までも血だらけだった。

「ああ……やっと来た。僕、どうなっちゃうんかな」

坂口お父さんは私の顔を見てつぶやいたので、私は急いでナースコールを連打して、処置道具が乗っているカートを持ってきてもらえるように頼んだ。

そのあいだに出血の部位を確認しようと思い、私はポケットから薄いゴム手袋を出してはめ、坂口さんの布団をめくった。

すると、布団の下は破れたおむつが散乱し、着ている服にもズボンにもシーツにも血液がついていた。特にズボンの股の部分と坂口さんの指に、赤い血液がたくさんついているのがわかった。顔の血液は、血がべっとりとついた坂口さんの指が触れてついただけのようで、傷は見当たらなかった。

坂口お父さんは、トイレに間に合わないことが多かったため、リハビリパンツと呼ばれるパンツ型のおむつを履《は》いていた。どうやら寝た状態で自分が履いているおむつをビリビリに破り、ズボンから引っ張り出したようだった。

でも、それだけでこんなに出血するのはあまりにもおかしい。

私は坂口お父さんのズボンを下げた。

すると、股の下のシーツにどんどん赤いシミが広がっていくのがわかった。肛門から血

が出ているのかと思って確認したが、どうも違う。私が焦《あせ》るなか、坂口さんはスッと手を股に持っていき、

「看護婦さん、僕のキンタマ大丈夫?」

と言った。

血まみれの坂口さんの手をどけ、股をのぞきこむと、坂口お父さんのキンタマ袋は、真んなかからふたつに裂けていた。坂口さんはおむつが不快だったのか、ちぎって引き抜いたあと、陰嚢《いんのう》を爪でボリボリとかきむしり、皮膚が裂けてしまってもまだボリボリしていたようだった。

認知症になると、痛みの反応が乏しくなることがあるので、骨折しても痛みに気がつかず、歩こうとして骨折を悪化させてしまうこともある。坂口お父さんも、痛みの反応が乏しい人だったので、裂傷になっても、かゆくてかきむしりをやめることができなかったのだった。

縫わないと出血は止まりそうにない。私は病院に搬送する準備を始めようとした。その

とき、たまたま書類整理のためにドクターが来所していることがわかり、すぐに坂口さんのお部屋まで来てもらった。

特別養護老人ホームは医師が常駐していなくてもいいので、うちの施設も医師がいる時間は短い。医師が不在のときに緊急の怪我《けが》や病気が発生した場合は、近隣の提携病院に搬送するので、いつもなら事務員さんがバタバタと坂口お父さんの陰嚢を縫合《ほうごう》してくれる病院を探さなくてはいけない。施設医師がいた今回は運がよかった。

ドクターが慌ててドアを開けるのを見た坂口さんは、

「あ～、久しぶり！」

と、血だらけの手を挙げて笑顔で話しかけた。

普段、施設の近所で内科のクリニックをしているドクターは、あまりの光景に驚きを隠せない様子だったが、陰嚢の裂傷を確認しているときの坂口さんの様子に、吹き出して笑ってしまっていた。ドクターは、

「坂口さん、大事なところがどえらいことになってますねぇ～」

と笑顔で言い、坂口さんは、

「そうなんですわ〜。僕、まだ嫁さんと子づくりしたいんやけどなぁ〜。僕のキンタマ大丈夫？　ワハハハ」

と笑うので、私もつられて笑ってしまった。さっきまで緊迫していた空気が、ドクターが来てくれた安堵感《あんどかん》と、坂口さんの言葉で一変してしまった。

こうなった原因は認知症かもしれないけど、この空気も認知症ならではだった。病院ではあまりお目にかかれないこの空気に、私もドクターも、肩の力が抜けてなんだか楽になった。

坂口さんの陰嚢は、ドクターに5針も縫われた。見ているだけでも痛そうなのに、なんと坂口さんは麻酔をしない縫合に平気な顔をしていた。ドクターの判断でそうしたのだけど、平気な顔をしている坂口さんを実際に見て本当にびっくりした。

一部の会話だけ聞いていたら、認知症かどうかわからないくらい会話が成立しているのに、やっぱり坂口お父さんは認知症なのだった。かゆみがあるからといって、まさかあんなに出血するまでかきむしるとは。まさか麻酔なしで縫合しても笑っていられるとは。

でも、血がついた手や布団を見て、坂口さんは不安になっていたのだ。どうして陰嚢から出血しているのかがわからず、でも血が出ているのはよくないことだとわかっていたから不安に思って、「おーい、おーい」と誰かが来てくれることを待っていたのだし、年齢的なことは置いといても、子づくりできなくなることを心配していたのだ。


自分のお部屋に、ドタバタと人が出入りしているのを見た坂口お母さんは、

「お父さんになにかあったんか？」

と大声をあげて心配していた。

傾聴ボランティアさんたちがなだめてくれていたけど、坂口お母さんは部屋を行き来する職員に夫の身を何度も質問し、そのたびに「あとでね。いまはお部屋に入らないでくださいね」と言われ動揺していた。そして長い時間、ドアの向こう側でなにが行われているかわからないまま、不安だらけで部屋の様子をうかがっていたのだった。

全部片づいてから坂口さんの部屋を出ると、廊下で目にいっぱい涙をためて車椅子に座っている坂口お母さんと目が合った。

「しまった」と思った。ご夫婦で入所されている方が少ないのもあって、私は坂口お父さ

んの状況を奥さんに説明しなければいけないことを失念してしまっていた。

私は坂口お母さんに駆け寄って、なにがあったかを伝え、謝罪した。安堵したお母さんはものすごく泣いた。そして、顔を上げたかと思ったらいきなり自分の部屋のドアをバシンと開けて、

「あほんだらぁ！」

と叫んだ。

ひょこっとベッドから顔だけ出した坂口お父さんは、「あほんだらぁ！」の声の主が奥さんだとわかると、「わぁ！」と言って布団をガバッとかぶってしまった。

坂口お母さんは、

「うちの主人が恥ずかしいことをしてご迷惑をおかけしました」

と言い、また部屋に向かって、

「この〜、あほんだらぁ！」

と叫んだあと、大声で笑った。

ところどころ、わからなくなったり、できなくなったりすることが認知症という病気だ

けど、坂口さんご夫婦はお互いに変わらない愛を忘れずに持っていた。

第⑩話 その声が、愛おしさを募らす……

エレベーターを降りて4階のフロアに入るドアを開けると、

「いらっしゃ〜い！」

と言ってくれるのは入居者の村上さんだ。

村上さんはサザエさんがつけているような白くて小さなエプロンをして、いつもみんなのテーブルを拭いていた。認知症を発症するまで、自宅の近所の定食屋さんで働いていたそうで、ドアを開けてリビングに入ってくる人を見つけては、

「いらっしゃ〜い！」

と笑顔で声を掛けて席に案内していた。

面会のご家族でも介護さんでも、誰でも席に案内して座らせてしまうので、村上さんは誰の目にも有能な店員さんに見えた。

村上さんは食事の配膳も手伝ってくれようとするのだけど、足がおぼつかないので食器をひっくり返してしまうこともあり、村上さんの横に介護さんがついて支える形で配膳は進んだ。村上さんは本当に働き者だった。

村上さんは、若いときに結婚してふたりの息子さんを育てた。いつも面会に来てくれる息子さんたちは、リビングで「いらっしゃ〜い!」と言っている村上さんを見ていつも笑っていたのだけど、村上さんが自分たちを見て、「あんた誰?」と言い出したころから、面会に来てもあまり笑顔を見せなくなっていた。

村上さんは若いころ、バスガールとして働いていたのも自慢で、新聞にたくさん写真が載ったのだと、そのときの写真のポーズをとって見せてくれるのが定番だった。いまはバスに車掌さんが乗っていないけど、昔は切符を切ったり次のバス停を案内するバスガールさんというお仕事があったそうだ。

「美人しかなれない仕事なんやで」

村上さんはテレビのリモコンをマイクに見立て、車内アナウンスをして笑わせるので、4階フロアのムードメーカーになっていた。

いつしか村上さんは結婚したことも、出産したこともすっかり忘れてしまったのか、

「私は25歳やねん！」

と言い始めた。そのころから、「いらっしゃ〜い！」と定食屋の仕事をすることもだんだんとなくなっていった。そんな村上さんを見た息子さんたちは、少し寂しそうに見えた。

「全部忘れちゃったんですかね……」

そう悲しそうに言ったので、私は掛ける言葉が見つからなかった。


その年のお盆休み、村上さんの息子さんたちは家族そろって面会にやってきた。お孫さんたちはすっかり大きくなって、ずいぶん久しぶりの面会だった。

「村上さん、お孫さんと息子さんですよ」

介護さんが声を掛けると、村上さんはじっとご家族を見つめたまま、固まってしまった。

息子さんたちは固まる村上さんを見て、

「どないしたん？」

と聞くのだけど、村上さんは一番背が高いお孫さんを黙って凝視《ぎょうし》していた。高校生のお

孫さんはそんな村上さんを見て動揺し、廊下のほうまでソロリと後ずさりしていった。

村上さんは、だんだんと離れていくお孫さんにふらつく足で駆け寄って、

「会いたかった！」

と言って抱きつこうとした。お孫さんはそれを反射的にヒラリとかわしたので、村上さんはよろけて床に倒れた。村上さんが転んでしまったので、お孫さんは真っ青になって廊下を走っていってしまった。

そばにいた私たちが慌《あわ》てて駆け寄り、やっとのことで椅子に座った村上さんだったが、かなり落ち着かない様子でお孫さんをキョロキョロと探し、

「あの人はどこ！」

と興奮していた。

幸い怪我《けが》はなかったものの、村上さんが珍しく感情をあらわにしたので、息子さんたちはどうしたのかとびっくりしていた。

「お孫さんに会いたかったんですかね」

そんな話をしていると、隠れていたお孫さんが申し訳なさそうにリビングに戻ってきた。

それを見つけた村上さんは、

「ユキオさん！　会いたかった！」

と、大きな声を出して立ち上がったので、お孫さんはびっくりして再び逃げてしまった。

お孫さんに逃げられてがっかりした村上さんは、椅子に座って泣きそうな顔で下を向いていた。


ユキオさんは村上さんのご主人の名前だった。どうやら村上さんは若いころのご主人と、お孫さんを間違えたようだった。村上さんはお孫さんを見て、やっとご主人と再会できたと感激していたのに、お孫さんがヒラリと逃げていってしまったので相当ショックを受けたようだった。息子さんたちはそれがわかってなんとも言えない顔をしていた。

一緒に来ていたお嫁さんがお孫さんを探しにいき、しばらくしてから連れて戻ってきてくれた。

お孫さんは最初、微妙な顔でオドオドしていた。村上さんはふらつく足で立ち上がり、お孫さんの胸に顔を埋《うず》めてしがみついた。「会いたかった」「やっと会えた」と言う村上さんをお孫さんは慣れない手つきでそっと抱きしめ、背中を優しくさすっていた。ぎこちないながらも、お孫さんになりに頑張って、若いころのご主人を演じてくれていた。
　村上さんは喜びすぎてお孫さんの胸にすがって最後は泣いた。あんな村上さんを見たのは初めてだった。

　村上さんがお孫さんに抱きついて泣いて喜ぶ姿を見た日以降、面会に来ると息子さんたちの表情は少し明るくなっていた。自分の母親が自分たちのことをすっかり忘れてしまったと思っていたのに、家族のことを全部忘れたわけではなかったと知れて嬉しかったと言

っていた。

それでも、ゆっくりと村上さんの認知症は進んでいた。バスガールになって車内アナウンスをしてくれることもほとんどなくなり、ベッドで寝ていることが増えた。息子さんたちは面会に来てもほとんど会話をしなくなった村上さんを見て、

「話ができなくなっちゃうと、声も聞けないから寂しいですね」

と残念そうに言った。

あるとき、私と介護さんとで村上さんのお部屋に行くと、村上さんがドアを開けた私たちに向かって、

「いらっしゃ〜い」

と弱々しい声ながら、笑顔でつぶやいた。

久しぶりに村上さんの声を聞いた私と介護さんはびっくりして、「村上さん、もう一回言って！」と何度かお願いしてみたけど、村上さんは言ってくれなかった。私がガッカリしていると介護さんが、

「村上さん、お客さんが来たらなんて言うの？」

と聞いた。すると、

「……いらっしゃ〜い」

と言ってくれたので、私と介護さんはすごい発見をした！と飛び上がって喜んだ。介護さんの機転で村上さんの声を聞くことができたので、次に息子さんたちが面会に来たら教えてあげようとワクワクしていた。

その週末、息子さんたちは介護さんにあの言葉を教えてもらい、村上さんの口から、「いらっしゃ〜い」という声を聞くことができた。

「やっぱり声を聞くと嬉しいわ」

息子さんたちはとても喜んだ。

「今度、孫を見たらオヤジの名前も言うてくれるかな」

と言っていた息子さんは、次の面会に家族を連れてやってきた。

あのとき高校生だったお孫さんは大学生になっていて、弱々しくなったおばあちゃんを見て悲しそうな顔をした。お孫さんが村上さんの手を握っても、村上さんはなにも言わなかった。

「お客さんが来たらなんて言うの？」

と聞いてもなにも言ってくれなかった。お孫さんは、村上さんに何度も、

「僕のことわかる？」

と言っていたけど、村上さんはやっぱり答えなかった。

がっかりした息子さんが次に、

「声聞きたかったわ〜」

そう村上さんの耳元に顔を寄せて大きめの声で言ったとき、

「……ユキオさん」

と村上さんは息子さんを見つめて弱々しく言った。

一転、息子さんはベッドに寝ている母親を抱きしめて喜んだ。そんなふたりの姿を見ていたお嫁さんが、

「あなたの声がお父さんに似てたのかも！」

と笑った。

その後も息子さんとお孫さんは村上さんにいろいろと話しかけて、村上さんが返事をし

てもしなくても、とても楽しそうにしていた。

息子さんは村上さんから父親の名前を呼ばれて、とても満足気に帰っていった。お嫁さんはその様子をスマホで撮影していたそうで、

「ちゃんと撮影できていたので、この動画大事にします」

と笑顔で帰っていった。


以前いた入居者のご家族が、「顔は、写真があるし寝たきりになっても見られるから忘れずに済むけど、声だけは、会話ができなくなって長いこと経《た》つと思い出したくても思い出せなくなっていく。録音でもしておけばよかったと、いまになって思います」と言っていた。

いまの生活に当たり前にある大切な人との会話や、愛する人から名前を呼ばれることが、そんなにも尊いことだったのかと気がつくのは、その声を聞く機会を完全に失ってからなのかもしれない。老人ホームという当たり前のことが当たり前でなくなっていく場所で、村上さんの声が残せたことは本当によかったと思った。

ご家族が帰ったあと、村上さんはいつもより嬉しそうな顔をしていた。

「ご主人に会えてよかったですね」

私は村上さんの手を握った。

第⑪話　働き者の夫に重なった奇跡

エレベーターで屋上に上がると、入居者さんの服を洗濯をするための大きな業務用洗濯機と乾燥機が並ぶ洗濯室がある。そこは日当たりがよすぎるのに空調がついていないので、夏はサウナみたいに暑く、冬は凍えるほど冷えて寒かった。

そんな場所で、背中を丸めて洗濯物を畳んだり干したりしてくれるのは、以前は近所でクリーニング屋さんをしていた岩下さんだ。

クリーニング店を60歳で閉めてからしばらくはのんびりしていたそうだが、仕事をしない自分は社会から忘れられてしまうんじゃないかと急に不安になって、働けるうちは働こうと、ちょうど求人を出していたうちの施設にやってきた。

よく日焼けした肌や分厚い手はまるで漁師さんみたいに強そうで、お洗濯のおじさんにしておくのはもったいないくらいの人だ。

綺麗《きれい》に洗って干された洗濯物が天気のいい日はパタパタとたなびいていて、私はよく入居者さんと屋上に上がって洗濯物と空を眺めていた。

岩下さんはとても明るい人で、私が屋上に入居者さんを連れていくと、いつも笑って話しかけてくれていた。

あるとき、朝の7時くらいから日食が見えるという日があった。うちの施設の職員たちも数日前から書店などで「日食メガネ」を買っていて、その日は早めに出勤して施設の屋上で空を見る約束をしていた。テレビでも日食は注目されていたので、知らない人はいないんじゃないかというくらい、空を眺めている人が朝から大勢いた。

なのに空はあいにく分厚い雲で覆われていて、日食メガネは役に立たなかった。私はいつもより2時間も早い電車に乗って日食が見えるのを楽しみにしていたので、ものすごくがっかりした。ほかの職員もがっかりして下に降りてしまったが、私は雲の切れ間を期待して、始業時間まで屋上で座って過ごすことにした。

ふと、岩下さんのことを思い出して時計を見た。もう少ししたら、ここに岩下さんが出勤してくる時刻だ。私は一緒にコーヒーを飲もうと思い、1階の自動販売機まで行ってコーヒーをふたつ買った。

それを持ってまた洗濯室に上がると、なんと岩下さんが上半身裸で立っていた。着替えをしているところに入ってしまったのだ。「うわぁ！」と、私より先に岩下さんが叫んで、シャツで胸を隠す姿が乙女チックで可愛いかったので、私は思わず笑ってしまった。

「お着替え中にごめんなさい。一緒にコーヒー飲もうと思って持ってきたんです〜」

缶コーヒーを渡して洗濯室のドアを開け、先に外のベンチまで歩いた。

しばらくして、岩下さんが缶コーヒーを握ってベンチまで来た。

「こんな朝っぱらから、こんなとこでナニし

てんの？」

そう岩下さんが聞くので、

「今朝は日食が見えるらしいんですよ」

と、私は日食メガネを差し出した。

岩下さんは、テレビを観ていなかったのか全然知らなかったらしく、ワクワクしながら私の日食メガネをはめて空を見た。

「雲があるからメガネしても見えないですよ〜」

とツッコむと、

「なんや、このメガネをかけたら雲を透視できるんかと思った」

と、真顔でがっかりされてしまった。

漁師さんみたいにごっつい人がそんなこと言うなんて。私は思わず吹き出して、岩下さんは恥ずかしそうに笑った。

「僕もいよいよ、ここでお世話にならんとあかんときが来たのかな？」

そうおどけて言ったので、私も笑った。

そこへ、入居者の住田さんと永田さんを連れて管理栄養士の坂東さんがやってきた。3人とも日食メガネを持っている。

「あら〜、残念！　きょうは曇ってて見えへんねん！」

岩下さんがそう大声で言ったのに、3人は黙ってメガネをかけて空を見上げた。

「わぁ！」

声がするので空を見ると、雲の切れ間から日食が見えていた。岩下さんは、さっと立ち上がって私の日食メガネをかけた。

「うぉぉ！」

感動する岩下さんの背中を、私はベンチから見ていた。

そのとき、岩下さんの左半身が、斜めになっていることに気がついた。

「岩下さん、体が左に傾いてませんか？」

私がそう言うと、

「え？」

と言いながらきょろきょろしている。その姿も左に傾いていて、なんだかおかしい。メガネを外した岩下さんの顔も半分だけ変な気がして私は、

「岩下さん、両手の指、動きます？」

と聞いた。岩下さんは、子供がお風呂で数を数えるときのように指を折ろうとしたけど、左手がうまく動いていなかった。

「両方の目、ちゃんと見えてます？」

と聞くと、

「あれ？　見えてないかも」

と言って、きょろきょろしはじめた。

「……あれ？　あれ？」

動揺する岩下さんを私と一緒に見ていた坂東さんが、

「私、救急車呼んできますね」

と冷静な声で言って、一緒に来た入居者の住田さんと永田さんを連れてエレベーターで降りていった。

私は岩下さんの荷物を持って、洗濯置き場に洗って干してあった車椅子に岩下さんを乗せて1階に降りた。岩下さんは、「大袈裟《おおげさ》やで～。なんともないよ！」と言う呂律《ろれつ》も、だんだんおかしくなってきていた。

血圧を測っているところに救急隊が来て、私は付き添いで救急車に同乗することになった。救急隊員に名前や住所を言わされて、岩下さんはどんどん不機嫌になっていった。

「大袈裟やって～。大丈夫やのに……」

そう言って搬送されていることに怒っていた。なのに、病院に到着するころには呂律がおかしいどころか、ほとんど言葉にならなくなっていた。

私は私服のまま救急車に同乗していたので、病院の受付で家族と間違えられてびっくりした。そういえば、いままで救急車に同乗するときは制服を着ていた。自分が何者かを病院で聞かれたことがなかったので、着ているものだけで身分を証明できる看護師ってすごいなと、変なところで感心した。

しばらくして岩下さんのご家族が病院に到着したので、私はタクシーで施設に戻った。

岩下さんがどうなったのか心配していると坂東さんが来て、「岩下さん、脳梗塞《のうこうそく》だったんだって。このまま入院になるみたい」と言った。

私は目の前で脳梗塞の初期症状になっている人を見るのが初めてだったので、ひどく動揺していた。病院に来る人はすでに脳梗塞の人ばかりだからだ。

たとえ脳梗塞の知識があっても、身近な人のそういう姿を目の当たりにしたら冷静になれなかっただろう。間違いであってほしい気持ちのほうが大きくて、きっと坂東さんがいなかったら私はもうしばらく救急車を呼ぶかどうか迷ったに違いない。

そう思うと申し訳ない気持ちがして、岩下さんに謝りたくなった。


急に岩下さんがいなくなってしまったので、施設の現場はバタバタ混乱した。お洗濯をする職員を確保しなければならないので、シフトの変更が急がれた。

岩下さんの持ち場は、入居者全員分のお洗濯をしなければならないので大変だった。岩下さんはひとりでしていたけど、ほかの職員がやると慣れていないから時間がかかる。空調もないところなので、お洗濯を命じられた職員はものすごく嫌そうな顔をしていた。みんなが嫌がるきつい仕事なのに、岩下さんは毎日ひとりでこなしてくれていたのだった。

その日、私は仕事が終わってから岩下さんが運ばれた病院に行った。

病室に入ると、岩下さんのベッドの横に奥さんが心配顔で座っていた。小柄で細身の人だった。慌《あわ》てて病院に駆けつけたからか、ピンク色のエプロン姿で疲れた様子だった。

私に気づいた奥さんはぱっと立ち上がり、

「ありがとうございました。施設で働いていたからすぐに発見してもらえて、本当によかったです」

と涙目で私の手を握った。

岩下さんは点滴をしながら眠っていた。発見が早かったので点滴でどうにかなるとのことだった。

いつもなら、岩下さんはずっとひとりで屋上にいて洗濯をしているので、倒れていても誰も気づかなかったかもしれない。その日たまたま朝から日食があったから、私は屋上にいただけなのだ。奥さんにお礼を言われ、私は少し動揺しながら、

「早くよくなるといいですね」

そう言って家に帰った。


1カ月くらいして、岩下さんが施設に来た。

「ご迷惑お掛けしました。おかげ様で退院できまして、後遺症もなく元気になりましたわ」

と、いつもの岩下さんに戻っていた。みんなホッと胸をなでおろした。

だけどあの空調がない洗濯室で働くのは医師から止められたらしく、岩下さんは退職することになってしまった。残念な気持ちと、無事でなによりだったという気持ちで、それが顔に出ていたのだろう。岩下さんはそんな私を見て、

「看護婦さんに命を救ってもらったのだから、なんかお礼せなあかんな」

と、私を屋上に誘った。

ふたりで1階のエレベーター横にある自動販売機で缶コーヒーを買って、屋上に上がった。

「ここが好きやったんやけどなぁ〜。残念や」

そう言って、自分の荷物を大きな紙袋にどんどん入れていた。

岩下さんは、棚の引き出しからキティちゃんがついたボールペンを取り出して、

「これ、看護婦さんにあげようと思って、ずっと忘れてたんや」

と照れくさそうに笑った。温泉街の名前が入っているご当地キティちゃんのボールペンだった。

「暑い日に、いつもコーヒー持ってきてくれるからお礼をしようと思って買ってたのに、ずーっと忘れとったわ」

岩下さんは笑っていた。

「命のお礼がボールペンなんて、安すぎるか？」

そう言いながらよく日焼けした手でボールペンを渡してくれたので、

「いいえ。とっても嬉しいです」

と、私はその場で袋から出して胸ポケットに入れた。

「ここでお世話にならんでもええように、頑張りますわ」

岩下さんが手を差し出したので、その分厚い手と握手した。

身近な人が大変な病から無事復活してくれて、またこうして笑って話せることに心から感謝した。

「年をとると涙もろくなるって本当やね」

岩下さんは笑いながら涙をためていた。私も涙もろくなってきたのか、笑っているのに涙が出た。

あれからずいぶん経《た》つけど、岩下さんが入所してくることはない。

だからきっときょうも元気に過ごしているのだろうと思っている。

第⑫話 〝お迎え〟に土産を渡して追い返す

入居者の加藤さんは下半身が動かないので、いつもベッドに座っている。電動ベッドの上半分を起こして、部屋を見渡せる姿勢でテレビを観るのが日課だ。特に好きな番組は国会中継で、お気に入りの議員さんがテレビに映ると、「映ったア！」と黄色い声をあげて喜ぶカワイイおばあちゃんだ。

加藤さんはいつも魔法使いみたいなゆったりしたワンピースを着ていて、

「長生きで日本新記録を更新したいねん！　生きるの楽しい！」

というのが口癖だった。足は動かないけど、黄色いマジックハンドを使って遠くのものを取ったり布団を掛け直したりと、

「自分でできることは自分でやりたい！」

と、いつも頑張っていた。

そんな加藤さんがある朝、全裸で絶叫しているところを介護さんに発見された。

介護さんがお部屋に行くと、入り口のドア付近に服や下着、枕などが散乱していて、加藤さんは大声をあげて怒っていた。「帰れぇぇ！」と絶叫してそばにいた介護さんに黄色のマジックハンドを投げつけたので、介護さんは避けるのを失敗しておでこに擦り傷ができてしまった。あまりに興奮していて近づけないとのことで、私は加藤さんのお部屋に呼ばれた。

興奮した加藤さんは、手が届く範囲にあるものすべてをドアに向かって投げたので、ベッドの周りにはすでに投げるものがほとんどない状態だった。ただひとつ、加藤さんの宝物が入った四角い缶だけが、全裸の加藤さんの膝《ひざ》の上に置かれていた。

私はそっと加藤さんのベッドまで近づいて、

「どうされたんですか？」

と聞いてみた。すると加藤さんは、

「あそこに旦那がおるんや！」

とドアのあたりを指さした。

私も見てみたけど、立っているのは介護さんだけ。加藤さんのご主人はずっと前にお亡くなりになっているので、私には見えなかった。介護さんにドアから離れてもらっても加藤さんはずっと、「帰れぇぇ！」と叫んでドアのほうに向かって両腕を振り下ろしているので、私は、

「ご主人がいるのが嫌なんですか？」

と聞いてみた。すると、

「迎えに来たって言いよるねん。私はまだまだ生きていたいんや。お迎えなんか来ていらん！」

と大声で言って、とうとう宝物が入った箱に手をかけた。

加藤さんの宝物の箱は、手のひらくらいの

四角いクッキーの缶だった。缶はあちこち塗装が剥《は》げて、角のところは錆《さ》びていた。新聞に健康食品の広告があると、加藤さんはハサミで丁寧《ていねい》にそれを切り取って、その錆びたクッキーの缶に入れた。それを夜な夜な取り出して、どの健康食品が一番体にいいかと品定めをするのが好きだった。

その大切な切り抜きを加藤さんはガサッとつかんで、丸めてドアに向かって投げ続けた。たくさんあった切り抜きはすっかりなくなって、ベッドの周りは小さく丸められた紙ごみでいっぱいになってしまった。

私は全裸で丸めた紙を投げ続ける加藤さんのそばにずっといて、加藤さんが落ち着いてくれるのを待っていた。

缶の中身が底を尽いたあたりで、

「……やっと帰ったわ」

と加藤さんは落ち着いた。

「ご主人、帰っちゃったんですか?」

と聞くと、

「そうや。ホンマしつこいわ！」

と言って、加藤さんはホッとひと息ついた。そうして自分が全裸になっていることに気がついて、

「あんた、悪いけどそこらへんにある服、取ってくれへん？」

と言った。

加藤さんはいままで、幻覚が見えたり幻聴が聞こえたりすることはなかったので、私は加藤さんの認知症が悪化したのかと心配した。落ち着いたらいろいろお話を聞いてみようと思い、服を着てもらって床の散らばったものを片づけようとしゃがんだ。

そのとき、少し開いていたトイレのドアのなかを黒い影がサッと横切った。「……え？」と驚いてトイレのドアを開けるとなかには誰もおらず、「勘違いか」と思って加藤さんのベッドのほうに向き直ったとき、ベッドの後ろにある窓を、人の形をした黒い影がゆっくり通り過ぎた。

私は霊感なんて全くないので、名探偵コナンに出てくる黒い犯人のような影がゆっくり窓の向こう側を横切るのを見てびっくりした。深夜の病棟ならいざ知らず、まだ午前中の

日当たりがよいお部屋でもこういう現象があるんだぁと、人生で初めて見た黒い影になんだか感心した。

「あいつホンマに……」

加藤さんが怒った口調でブツブツ言うのを聞きながら、私はまた黒い影が出ないかソワソワしながら部屋を片づけた。

早朝から数時間、あらゆるものをドアに向かって投げつけながら絶叫していた加藤さんは、私が片づけをしているあいだにスヤスヤと寝てしまった。朝からご飯も食べずに必死の抵抗をしていたので疲れてしまったのだろう。少し気の毒になって、私はくちゃくちゃに丸められた健康食品の切り抜きを1枚ずつ伸ばして宝物の缶のなかに戻し入れ、加藤さんの枕元に置いて部屋を出た。

お昼になって、加藤さんはリクライニング型の大きな車椅子でリビングに出てきていた。朝の騒動がウソのように、普通に食事を摂《と》る加藤さんをみんな心配顔で遠巻きに見ていた。

「加藤さん、大丈夫ですか？」

私が声を掛けると、

「旦那がしつこいねん。ひとりで帰れ！って言《ゆ》うたったわ」

と怒っていた。

食事を終えて、部屋に戻りたいという加藤さんの車椅子を押して、ドキドキしながら部屋のドアを開けた。でも、お部屋には誰もいなかった。

加藤さんをベッドに移したとき、さっき私がベッドの上に置いておいたクッキーの缶がなくなっていることに気がついた。

「加藤さん、宝物の缶がないですね」

そう言うと、加藤さんは黙りこくってしまった。そんな加藤さんを見て、宝物がなくなってしまったのでショックなのだろうと、みんなで一生懸命クッキーの缶を探した。だけど、クッキーの缶はどうしても見つからなかった。

それ以降、加藤さんが、「帰れぇぇ！」と絶叫して全裸になったりすることはなかった。

大切にしていた黄色のマジックハンドも先っちょが折れて壊れてしまい、クッキーの缶も見つからず、加藤さんはあの日、一気にふたつも宝物を失ってしまった。さぞかし気落

ちしているだろうと思い、私は別の缶に健康食品の広告を切り抜いたものを数枚入れて加藤さんに持っていった。すると、

「あの缶はな、旦那が持ってったんや。お土産《みやげ》あげたからしばらく私が死ぬ心配おまへんで」

そう言って笑った。そうして私が持っていった缶を受け取って、

「また旦那が来たら、これあげるから帰れ！って言うわ」

と、再び健康食品のチラシの切り抜きを集める意気込みを見せた。

本当にそんなことがあるのか……と不思議に思ったけど、下半身が不自由な加藤さんがあの缶をどこか遠くに捨てにいけるはずもなく、あれをほしがるような人もいないので、私は加藤さんのご主人が本当に持って帰ったのだと思うことにした。

またご主人が来ても、加藤さんではなく、クッキーの缶を持って帰ってもらえるようにと、私も介護さんたちも健康食品のチラシ集めに協力した。

加藤さんはいまも元気にご長寿日本記録の更新を目指して暮らしている。

第4章

優しさに包まれて、ひとりで生きていく

第⑬話 痛いイタズラは、愛情表現の裏返し

施設で働く介護さんの制服はポロシャツとチノパン。看護師はナース服で、どちらも年中半袖《はんそで》の制服を着ている。冬の寒いときはカーディガンを羽織ることもあるけど、袖があると邪魔なので、だいたいみんな半袖のままで仕事をしている。

そんな職員たちの二の腕の内側を、そーっとつねってくるイタズラ好きの入居者さんがいた。

そのおばあちゃんはものすごく立派な福耳で、お餅《もち》のように艶々《つやつや》した白い肌をしている。ぽっちゃりしたその姿は、昔話に出てきそうでとても可愛らしかった。

「私の名前は織田信子。信《のぶ》ちゃんって呼んで〜」

そう言っていたが全然、織田信子じゃなかった。本当の名前は矢部幸代なので、どこから織田信子が出てきたのか誰にもわからなかった。でも、「信ちゃん」と呼ばないと反応してくれないので、ちゃんづけで呼ぶのは施設として認めていなかったのだけど、みんな

「信ちゃん」と呼んでいた。

信ちゃんは86歳のときに交通事故で足首を骨折してから、ずっと車椅子の生活をしていた。立ち上がると、ちゃんと立てなくて倒れてしまうので、車椅子からベッドやトイレに移るときは介助が必要だ。

信ちゃんは、介助しようとする職員が正面からキュッと体を抱えたタイミングで、必ず二の腕の内側をつねる。痛くて介護さんが手を離したら信ちゃんが怪我《けが》をする危険があるので、やめてもらえるようにお願いするのだけど、信ちゃんは絶対にやめなかった。痛がる職員を見て面白がっているのだ。

信ちゃんのフロアにいる介護さんたちは、毎日の鍛錬によって信ちゃんに近づいても二の腕をつねられない技術があったけど、私はたまにしか信ちゃんの介助をしないので、いつもまんまと餌食《えじき》になる。なので私が信ちゃんの処置に入ると、必ず二の腕の内側が内出血になった。

信ちゃんのイタズラはつねるだけではない。

私が車椅子に座っている信ちゃんの足の爪を切っていると、正面にしゃがんでいる私の顔面を足裏でぐいっと踏むのだ。キャラクターが描かれている派手な5本指ソックスで、爪切りをしている私の顔面をブニブニして笑う。そーっと足を浮かせてパッと踏むので、わかっているのに避けられない。私は運動神経が悪いのでイタズラしやすいらしく、信ちゃんは私が来るのをものすごく楽しんでいた。

私は私で、信ちゃんに会うことを楽しんでいた。毎回私が立てた防御作戦を華麗《かれい》にすり抜けてイタズラをしてくるので、成功したときは痛いのに一緒に笑ってしまうのだ。私と信ちゃんの攻防を横で眺めている介護さんたちも、イタズラが成功したときは一斉に笑っていた。

信ちゃんは、あと2カ月で100歳の誕生日を迎えようとしていた。樹齢100年の木を見て感動するように、100歳の人を見るとなんだか感動する。戦前から今日《こんにち》までの日本の変化を、信ちゃんはすべて体感してきたのだ。長い人生、辛《つら》いこともたくさんあっただろうに、私が知っている信ちゃんは、いつも笑っていた。

「もうすぐ100歳のお誕生日だから、お誕生日会は盛大にやるよ～！」

と言うと信ちゃんは、

「100年も生きてないわ！」

と激怒していた。信ちゃんは自称70歳だったので、100歳100歳と喜ぶと怒って、また私の二の腕をつねった。


そんなころから信ちゃんの体はゆっくりと弱っていった。寝ている時間が長くなり、食事が摂《と》れない日もあったりした。

お誕生日を1週間後に控えた日の朝、私が出勤すると介護福祉士の辻さんが駆け寄ってきた。

「信ちゃんが！　変なんです！」

辻さんは半泣きだった。急いでお部屋に行くと、信ちゃんは意識が朦朧《もうろう》としていた。呼び掛けても反応が薄い。血圧がものすごく低くなっていて、白い肌が青白く見えた。

ほかの職員にすぐにご家族に連絡してもらい、私はドクターに電話をかけた。

信ちゃんは、「最期は施設で迎えたい」と、入所するときにご家族に手紙を残していた。「延命治療はしたくない、ただ、自然に死なせてほしい」と、私たち職員にいつも念仏のように言っていた。治療してもよくなる可能性が低い持病もあり、信ちゃんは施設での看《み》取《と》りを選択したのだ。

私はご家族の到着まで、信ちゃんのそばにいた。

朝が早かったからなのか、ご家族はなかなか来なかった。もう一度連絡してみようかとみんなが思ったころになって、ご家族が親戚を大勢引き連れてやってきた。

身元引受人になっている息子さんに、

「あとどれくらいですか？」

と聞かれ、「そんなに長くはないと思いますが……」と答えると、来ていたご親戚の方みんながひとりずつ信ちゃんにお別れの挨拶《あいさつ》をしはじめた。

信ちゃんはいま、三途の川を渡りかけているのだけど、まだ頑張っていて生きているのに……。なんだか変な空気になったあと、息子さんは、

「ほんなら、お別れもしたんで我々は帰ります」

と言った。

帰ると言う息子さんに驚きすぎて、私はしばらく言葉が出なかった。まさか自分の親の最期を見届けずに帰ろうとするなんて、想定外すぎた。

「いま帰られたら、もう間に合わないかもしれませんよ？」

私は信ちゃんの息子さんを必死で止めたのだけど、

「いいのいいの。もう十分お別れしたから。それより葬式の準備をせなあかんのや。葬儀屋は連絡しとくから、死んだら電話ください。ほなね」

と、なんなら笑顔で大勢のご親戚と一緒に帰っていった。

あんなに大勢の親戚がいたのに、誰ひとり残らず、それを誰ひとり止めることもなかった。

朝、私を呼びにきてくれた介護福祉士の辻さんは、「信ちゃんが可哀想《かわいそう》……」と、信ちゃんの部屋で立ち尽くしていた。

信ちゃんのご家族が帰ってから、信ちゃんはゆっくりゆっくり血圧が下がり、唇《くちびる》も顔も、どんどん青くなっていった。ご家族の話を聞きつけた介護さんたちは、ほぼ全員がかわるがわる信ちゃんのところに駆けつけて、手を握ったり、声を掛けたりしていた。

泣き出してしまう介護さんがたくさんいるのに、ご家族がいないというのが不思議だった。いつも一緒にいた介護さんは、信ちゃんが天国に行ってしまうのを惜しんで泣いてすがった。どう見ても、介護さんのほうが家族のようだった。

夕方、ドクターと大勢の介護さんたちに囲まれて信ちゃんは天国に旅立った。ご家族は結局、施設には戻ってこなかった。

信ちゃんの体をみんなで綺麗《きれい》に整えたあと、信ちゃんの顔には白い布が掛けられた。それはもう、信ちゃんが息をしていない証《あか》しなのだけど、その場の誰もが信じられなかった。

私はしばらく諸々の処理で忙しかったが、それらが片づいたあとに信ちゃんのお部屋に戻った。そこには仕事を終えた介護さんたちがお別れをするためにたくさん残っていた。信ちゃんはこんなにみんなに愛されていたんだなぁとしみじみ思って、私も信ちゃんにお別れを言った。

そこに、葬儀屋さんが黒いスーツに白い手袋をして現れた。真っ白のシーツをかけたストレッチャーを信ちゃんのお部屋に運び込んで、手を合わせてからお辞儀をした。泣いていた介護さんたちも信ちゃんのベッドから離れ、みんなでぞろぞろと信ちゃんの部屋から出た。

部屋から外に出ると、事務長が腕組みをして立っていた。

「こんなことは前代未聞だ。家族は誰ひとり来ず、葬儀屋だけで入居者さんの引き取りに来るなんて」

みんなの前でそう言った。信ちゃんが亡くなって、事務長がご自宅に電話をかけると、

「ああ、はいはい。わかりました。ありがとうございます」

と言って電話は切れ、そのあと葬儀屋さんだけが単独で施設に来たのだ。

事務長はストレッチャーに乗せられた信ちゃんに頭を下げた。そして、

「長いあいだ、ありがとうございました」

と声を掛けた。

私は葬儀屋さんと事務長と一緒にエレベーターに乗って1階に降り、三途の川を渡った人だけが使う扉の鍵を開けた。事務所の職員も外に出てきて、みんなでその扉の両側に並んだ。仕事が終わっても残っていた介護さんたちがみんな1階に降りてきて、その扉の両側に並んだ。

扉の先には葬儀屋さんの黒い車が停まっていた。みんなそれぞれに最後のお別れを言って、信ちゃんが車に乗せられるのを見守り、車が見えなくなるまで見送った。


信ちゃんを見送ってからすぐ、私はまた信ちゃんの部屋に戻った。信ちゃんに入れ歯をはめたかどうか、自信がなかったのだ。お見送りしてから急に思い出して、慌《あわ》てて部屋に戻った。

お亡くなりになったあと、入れ歯をはめないといつもの顔にならないので、お亡くなり

になったときは必ず入れ歯をはめていた。でも、今回は信ちゃんのお迎えがあまりにも早かったので、私は慌てていてすっかり確認を忘れていたのだ。

お部屋に行くと、信ちゃんを担当していた介護さんがお部屋の整理をしながら泣いていた。しんみりした空気のなか、言い出しにくかったけど思い切って聞いてみた。

「信ちゃんに入れ歯……はめたっけ？」

介護さんは泣きながら笑って、

「大丈夫。私がすぐにはめました。いい顔してましたよ」

そう言ってくれた。

そうだった。最後に顔を見たとき、「いつもの顔だ」と思ったのを思い出した。

悲しいのに、冷静に仕事をしてくれた介護さんのフォローに感謝して、ホッとしたら私も急に涙が出た。仕事モードから、パチンとスイッチが切り替わったような気がした。

ふたりで信ちゃんの部屋に飾ってあった写真や工作をひとつ一つ箱に入れながら、「100歳のお誕生日祝いしたかったね」と話していたとき、「あ！」と、介護さんが私の二の腕を指さした。前日、信ちゃんがつねった私の二の腕の内側に、内出血ができていたのだ。私の二の腕には、信ちゃんの生きていた証しがついていた。それを見つけた介護さんは大笑いをした。

「いまごろ、イタズラ大成功！って大笑いしてますよ」

そう介護さんに言われ、

「私も同じこと言おうと思った！」

と、それからしばらく信ちゃんのイタズラを思い出して、ふたりで泣き笑いしながらお部屋の整理をした。

信ちゃんがいなくなって、私や介護さんたちに内出血ができることはなかった。爪を切っていて顔を踏まれることもなくなった。でも、私はそれをすごく寂しいと思っていることに気がついた。イタズラは信ちゃんの愛情表現だったんだとわかった。

第⑭話　老人ホームでひとり酒

私が働く老人ホームの玄関は、ガラスでできた大きな自動ドアだ。その両開きのドアは外から入るときは普通に開くのに、なかからは開かない仕組みになっている。面会にいらっしゃったご家族も、外に出るときは入り口にある受付に申し出ると事務職員が手動でドアロックを外すことになっているので、一度入ったら何人たりとも自由に出ることはできない。

ドアロックがあるのは玄関だけではない。各階の入り口、非常階段のドア、エレベーターまでも、職員がみんな首からぶら下げている鍵を使って出入りする。それらのドアは、横に名刺くらいのスイッチパネルがあって、鍵を差し込むか暗証番号を入力しなければ開かない。これらはすべて施設を建てる時点から構造に組み込まれている設備だ。

入居者さんは一旦居室に案内されると、もはや自分の判断でエレベーターに乗ることも、非常階段に出ることも、玄関から出ることもできない。ベランダに出る掃き出し窓も専用の鍵を差さなければ5センチほどしか開かない仕組みになっているので、入居者さんがひとりで自由に歩き回れるのは自分のお部屋と、そこに繋《つな》がるリビングスペースしかない。

あるとき私はその鍵を自分のロッカーに忘れたまま、ほかのスタッフと一緒に4階の入居者さんのお部屋まで行った。鍵を忘れたことに気がついたのは、処置が終わってひとりで1階の医務室に戻ろうとしたときだった。鍵がないのでエレベーターも非常階段もドアが開かない。あちこちでスタッフにお願いして鍵を開けてもらい、ようやく医務室にたどり着いたとき、検問をくぐり抜けてきたような気分になった。

入居者さんの面会に来られたご家族は毎回こうして施設の受付までたどり着き、さらにそこで「面会者」と書かれた名札を返してようやく玄関から外に出られる。どんな気持ちでその経路をたどっているのだろうと思うようになった。

ある日、私が出勤すると職員用入り口の鍵が開かなかった。暗証番号を入力しても「エラー」と表示されてなかに入れない。新しい番号がわからないので、仕方なく正面玄関からインターホンで施設内の職員に鍵を開けてもらえるようにお願いした。

応答したのは夜勤者の森さんで、「すみません。昨夜、緊急対応で番号変えたんです」とインターホン越しに言い、玄関のロックを開けてくれた。

昨夜変えたということは、いまから出勤してくる職員全員が番号を知らないということになる。いったいなにがあったのかと、私は森さんがいるフロアまで行った。

森さんは女性介護福祉士で、主に3階フロアを担当していた。

「昨日、前田さんが離設《りせつ》してしまったんです」

私の顔を見るなり森さんは悲しそうに言った。

前田さんは1週間前に3階フロアに入所した男性だ。68歳と、うちの施設ではまだまだ若手となる年齢で、最近まで運送業をしていただけあって強靭《きょうじん》な肉体を持っていた。

前田さんは入所早々から部屋のドアを蹴破ったり、エレベーターに向かって椅子を放り投げたりと乱暴だった。施設開設以来、そこまでの大暴れをした入居者さんはひとりもいなかったので、職員はみんな驚いてどうしていいのかわからず困惑する人も出始めた。

その前田さんが離設したと聞いて、私はてっきり強行突破されたのかと思った。ところがそうではなかった。

前田さんが暴れていたのには理由があった。前田さんは外に出たいとずっと訴えていたのだ。

しばらくして前田さんは自分が外に出られない理由がドアの鍵であると気づき、暴れるのをやめて職員が押す暗証番号をそっと見ていたり、面会者が乗ってきたエレベーターのドアが開くタイミングを見ていた。そして、職員が手薄になったタイミングで面会に来たご家族が開けっ放しにしたエレベーターに素早く乗り込み、1階のロビーまで行った。でも、玄関扉の鍵が開かず、自動ドアをガンガンと叩いていたのを事務職員に発見されて、そのときは事務職員によってお部屋があるフロアに戻されていた。

しかし、直後に職員の手元を見て覚えた暗証番号を使って非常ドアを開け、ふらつく足で非常階段を下り、1階のロビーに降り立った。そのタイミングでやってきた団体の面会者に紛れて、前田さんは施設からひとりで出ていってしまったのだった。

前田さんは、施設から少し離れた場所でタクシーに乗り、自分が住んでいた街まで行った。もちろんお金を持っていなかったので、タクシーから降りることはできない。ここで前田さんは、近所にある自分が行きつけだったスナックを思い出した。タクシーはスナックまで前田さんを運び、たまたま早くから店にいたスナックのママが前田さんに頼まれてタクシー代を支払った。

スナックのママは、前田さんが老人ホームに入所になったことを知らなかった。常連だった前田さんに頼まれて、ママはなんの疑いもなくタクシー代を立て替え、ツケで飲むことを了承した。

数カ月ぶりに前田さんに会ったスナックのママは、最初は違和感を感じていなかったようだが、しばらくして前田さんが話す内容や振る舞いに、「なんか変だな」と思うようになった。でも、前田さんには家族がなく、確認するすべもない。仕方なくママはそのまま前田さんと酒を飲み、深夜になった。

そのころ、施設では前田さんがいなくなって大騒ぎになっていた。施設の防犯カメラには、玄関から面会者に紛れて外に出る前田さんが映っていた。事故に遭《あ》っては大変だと、職員は自転車や車で近隣を探し回り、警察にも届けた。

そろそろスナックの閉店時間だというころ、別の常連さんがやってきた。その人は前田さんが以前住んでいた同じ団地の住人で、

「あれ、なんで前田さんがいるんや？　老人ホームに入ったんやろ」

と言った。ママは驚いて、

「どおりでおかしいと思った。いつもの前田さんじゃないみたいで、お金も持ってないし、どうしようかと思っていたのよ」

と警察を呼んだ。

深夜の施設には、前田さんを探すために多くの職員が残っていた。そこに警察から連絡が入り、警察と施設長、事務長、介護主任がスナックまで前田さんを迎えにいった。

前田さんはベロベロに酔っぱらっていて、なにを言っているかわからなかった。施設長がスナックのママにタクシー代と飲食代を払ってお礼を言い、施設の車に前田さんを乗せようとしたとき、前田さんは「俺を捕まえてどうしようってんだ！」と激昂《げきこう》して事務長を殴った。事務長は翌日、唇《くちびる》が紫色のタラコみたいになっていた。

施設には、主要な扉には鍵がつけられているが、自宅にこの設備をつけようとすると多額の費用がかかるため、ほぼ不可能だ。

公道が危険だと認識できないまま自宅から外に出て、ただひたすらに何時間でも歩き回ってしまう認知症の人を、同じように年を重ねたご家族が引き留めることは至難《しなん》の業《わざ》だ。線路に入って列車の往来を妨害した認知症の人のご家族に「賠償責任がある」という裁判の結果をニュースで見たことがある。こういう悲しいニュースを見ると、外に出ていってしまう認知症の人を自宅で介護するのは困難だとわかるし、施設のドアに鍵がかけられていることも当然のように感じる。でも、認知症の前田さん本人はそれにひどく不安を感じ、そして怒っていた。

前田さんがドアの暗証番号を覚えていたことが発覚したので、深夜のうちにすべての暗証番号が変更された。そのせいで私は朝、職員用玄関から入ることができなかったのだった。

私が前田さんのお部屋に行くと、前田さんは大きないびきをかいて寝ていた。まだお酒が残っているのか、部屋のなかはアルコールの匂いが充満していた。診察に来たドクターは、前田さんのその様子に激怒していたけれど、前田さんに悪気はないのだから怒らないでほしかった。

前田さんはその後も、エレベーターの前に椅子を置いて座り、エレベーターの扉が開いたら突進して乗り込もうとしたり、鍵を持った職員を襲ったり、施設から出るために必死の抵抗をしていた。

私は前田さんが気の毒になり、どうして施設から出たいのか聞いてみることにした。

「前田さん、どこに行きたいんですか？」

そう尋《たず》ねると、

「酒や。酒を買いにいきたいんや」

と言った。

「前田さん、お酒が好きなんやね。お酒がほしいのなら、私が買ってきましょうか？」

と言うと、

「俺が自由に外に出て、好きなやつを買いたいんや。なんでそれができんのや！」

と涙目で訴えてきた。

前田さんはどうしても外に行きたかった。自由な暮らしから一変して小さなスペースに閉じ込められ、知らない人に囲まれたら私だって前田さんのように不安になってしまうだろうと思った。

前田さんには家族がいなかった。前田さんは毎晩のようにひとりでスナックに行き、酒浸りの生活を長年続けていた。そのせいで肝臓が悪くなり、認知症の症状も悪化していた。ご近所さんからの通報で、社会福祉協議会*の人がかかわるようになり、そのあとうちの施設に入所になった。

そのときにかかわった人たちのなかでは、前田さんにとって一番よいと思われる選択をしたのだけれど、それは前田さん本人が望んでいた結果にはなっていなかった。

私は前田さんに、

「いままでのようにはできませんが、お買い物になら行けますよ」

と伝えた。すると前田さんはものすごく喜んで、翌日の午後に男性介護さんと私のふたりが付き添うことで、前田さんの外出が決まった。外出できると決まった日は、前田さん

＊**社会福祉協議会**＝略して「社協」は、地域福祉の推進を目的とする民間団体で、行政区分ごとに存在し、公的機関・組織と協力して地域住民に福祉サービスを提供する。

はエレベーターに突進したり、職員から鍵を奪おうとはしなかった。

施設の近くには、大きなスーパーと、小さなスーパーがあった。大きなスーパーはお酒も扱っているけど、小さなスーパーにはお酒はなかった。前田さんは医師からアルコールが禁止されていたので、私たちは前田さんを小さなスーパーに案内した。

スーパーに到着すると、前田さんは嬉しそうにカゴを持って、いろいろなものを買った。好物のお菓子を始め、お気に入りの歯磨き粉、歯ブラシ、そしてなぜだか傘まで買った。前田さんはお酒は買えなかったけれど、外に出てお菓子を大量に買えたことでご機嫌だった。

「また連れてきてな」

笑顔で言う前田さんを見て、私も安心して、「もちろんですよ」と答えた。

施設までの帰り道、前田さんが、

「今度はこっちの道で行こう！」

と別の道を指さすので、なんの気なしについていくと、その先になんとコンビニが見えた。「まずい！」と思ったけどもう手遅れだった。前田さんはスーパーで買ったお菓子が入った袋を放り投げて、コンビニへ走った。

男性介護さんがすぐに追い駆けてくれたのだけど、前田さんはとても足が速かった。コンビニのなかで商品を物色していた前田さんが見つけたのは、「下町のナポレオン いいちこ」だった。

「やっと会えたぁ！　会いたかったよぉぉ！」

前田さんは「いいちこ」の瓶《びん》に何度もキスをして、ほおずりしながらぐるぐる回った。一昨日《おととい》スナックで会ったばかりでしょう……と思ったけど、この状態の前田さんからいいちこを取り上げたら、どんなことになるか容易に想像がついたので、私たちは前田さんがいいちこを買うのを見届けるしかなかった。

私は暗い気持ちで施設に戻った。前田さんが抱えている焼酎《しょうちゅう》の瓶をどうしようか悩んでいたのだ。この焼酎を取り上げたら、前田さんはさらに施設に不信感を抱いて、また離設をするかもしれないし、それ以前に前田さんが落ち着いて生活することができなくなってしまうのではないかと心配した。かといって、お酒を飲んではいけない体調的な問題もあったので、どうしてあのとき別の道で帰ることを了承してしまったのか……と、頭のなかがグルグルしていた。

前田さんはお部屋に戻ると、ベッドの上でラッコみたいに焼酎の瓶を抱いて、さっきのコンビニと同じように酒瓶にキスをしまくり、嬉しさのあまりグルグルと回って騒いでいた。「会いたかったよぉぉ～」と瓶にほおずりしている姿を見たら、掛ける言葉も見当たらなかった。

そこに、前田さんが離設したときに夜勤していた森さんがやってきた。

「前田さん、そのお酒、夕食のときに飲みませんか？」

「そりゃいいな」

喜ぶ前田さんに森さんは、

「お湯割りですか？　ソーダですか？　それともロックですか？」

と聞いた。

私はドキドキしてその様子を見ていたのだけど、森さんは前田さんから飲み方のオーダ

ーを取ったあと、

「じゃあ、作ってきますね」

そう言って、あっさり酒瓶をつかんで部屋から出ていった。

森さんすごい……と私がポカーンとしていると、前田さんは、

「お前も飲みたかったんやろ〜。あとでちょこっとやるから一緒に飲もうな！」

と笑顔で言った。

前田さんの部屋から出てリビングに併設されているキッチンに行くと、森さんが焼酎の中身をドバドバやかんに入れていた。そして焼酎の瓶に浄水器から水を入れ、キュッと蓋《ふた》を閉めた。

「バレないほうに賭けます」

そう言って、冷蔵庫から前田さんが買ってきた梅干しを取り出した。

「先にノンアルコールビールを出します。たぶん大丈夫です」

そう言った森さんも、かなり緊張しているのが上ずった声でわかった。

夕食の時間を待たずして、前田さんはリビングにやってきて、

「おい！　酒！」

と笑顔で言った。森さんは、

「みんなも夕食の時間まで我慢してるんだから、前田さんももうちょっと待ってくださいね〜。待ったぶんだけおいしいですよ〜！」

と笑顔で言ったので前田さんも、

「そやな！」

と、待ちきれない気持ちを抑えてテレビに目を向けた。

自分で買ったお酒が飲めるといっただけでこんなに嬉しそうな顔をしているのを見て、前田さんにとってお酒が飲めないことがどれくらい辛《つら》いことなのかがよくわかった。そんな前田さんに、お酒の中身が浄水器の水だとバレてしまったら、どうなってしまうのだろうか。私はヒヤヒヤしながらその様子をうかがっていたのだけど、森さんがあまりにも女優さんだったので、すべてを任せて夕食の準備を手伝った。

前田さんは、もしもの事態に備えて、ほかの入居者さんとは少し離れたソファー席で夕食を食べることになった。

「こっちのほうがスナックみたいでしょ～」

森さんが上手《うま》いことを言うので、前田さんはご機嫌でソファー席に座った。

目の前でグラスに缶ビールを注《つ》いで渡すと、前田さんは、

「おおおおお！」

と声をあげて喜んで、そのまま一気に飲み干した。

「ぷはぁ！」

笑顔の前田さんは、それがノンアルコールビールだと気がついていなかった。

「やっぱり最初はビールやな！」

そう言って、空っぽのグラスをまた傾け、垂れるしずくまで飲み干した。

「じゃあ焼酎入れてくるので、お食事しといてくださいね～」

と森さんはキッチンに消えていった。

お盆にいいちこの瓶と湯呑《ゆの》みを乗せて戻ってきた森さんは、前田さんの目の前で梅干しの入ったお湯割りを作った。中身が焼酎ではないと気がついてしまうのではないかと、私も森さんもドキドキしていた。でも、森さんが「どうぞ～」と笑顔で湯呑みを渡すと前田

さんは大喜びでそれを飲み、そこから気づくことなく1時間ほどでベロベロに酔っぱらった。瓶の中身は浄水器のお水だったのに……。思い込みで人はベロベロに酔っぱらうことができるのだと知った。

その日から、前田さんは浄水器の水が入ったいいちこを飲んだ。

老人ホームという閉鎖空間で、唯一前田さんを自由にする〝神の水〟であるかのように浴びるほど飲み、泥酔した。でも、朝はすっきり目が覚めるので、規則正しい生活ができるようになった。職員や入居者さんとも仲よくなったので、力任せの行為は少しずつなくなっていった。定期的に小さいスーパーに買い物にいくことで、外に出たいと怒り出すこともなくなり、だんだんと施設の生活に馴染《なじ》んでいった。

事務長の紫色に腫《は》れ上がったタラコ唇はなかなか元に戻らなかった。

事務長が前田さんの様子を見に来たとき、前田さんは、

「あんたの顔、腹話術の人形みたいやな！」

と言って大笑いした。前田さんは自分が殴ったことは全く覚えていなかった。

「前田さんは離設のプロやな。僕もお酒大好きやから、将来の自分を見てる気分になりましたよ。知らんところにいきなり連れてこられて、好きにどこにも行けなくなったら、どんな手を使ってでも外に出たいって思うよね」

　そう言って、事務長は前田さんの肩に手を置いて苦笑いをした。でも前田さんは、

「腹話術や〜！　パクパクしてる〜！」

　と事務長の話を全然聞かずに大笑いしていた。事務長は、

「前田さんのおかげで、うちの施設の管理の甘さが発見できたからありがたかったです。事故に遭わなくて本当によかった」

と感謝の言葉を述べて帰っていった。

前田さんは「離設王」として、その後ずっと施設の危機管理委員会の語り草になった。

第⑮話　盲目の入居者さんを楽しませたお花見

春と言えば桜だ。日本全国で桜が咲き乱れるこの時期、施設でもお花見が行われる。

うちの施設の近所には小さな神社があり、そこに行くまでの川沿いの道に桜並木がある。施設のお花見はその桜並木を通り、神社でおやつを食べるのが恒例だ。通勤のときは通らない道なので、私は近くにそんな場所があるなんて入職するまで全く知らなかった。

お花見は、自分で歩ける方や車椅子でも外出可能な方は誰でも参加できる。でも、医師から外出許可が出ない入居者さんや、参加を希望しない方はお留守番だった。

参加を希望しない入居者さんのなかに、吉田さんという目が見えない女性がいた。

吉田さんは真っ白の長い髪をピシッと後ろにまとめ、スラリとした体によく似合う細身のジャケットを着て、ロングスカートをいつも履《は》いていた。全盲の吉田さんは真っ黒のサングラスをかけていて、その姿は往年の女優さんのようで、白い杖を使い、施設のなかを自分の足で歩いていた。私は、

「吉田さんもお花見に行きませんか？　神社までいい散歩になりますよ」

と誘ってみたのだけど、

「桜も見えないのに、みんなの嬉しそうな声だけ聞こえるから行かない」

と言った。私は申し訳ない気持ちになり、それ以上吉田さんを誘えなかった。


お花見の日、朝起きると外はいまにも雨が降り出しそうな暗い空だった。通勤電車を降り、施設まで歩いていると後ろからクラクションが鳴った。びっくりして振り向くと、入居者の清水さんの奥さんだった。ピカピカに磨かれている白のＢＭＷの窓を開けて、

「看護婦さん、おはよう！　きょうは午後から雨でお花見中止でしょ？　主人が楽しみにしてたから、きのう桜を買ってきてん。看護婦さん、下ろすの手伝って！」

そう、ものすごいテンションで言われた。

私がなにも言わないうちに、清水さんの奥さんはそのまま車で施設の駐車場へと走り去っていったので、私は慌《あわ》てて施設まで走った。

駐車場に着くと、トランクを開けた奥さんがニコニコして待っていた。ステーションワゴンのBMWは、倒した助手席からトランクまで、大きな桜の枝が何本も入っていた。

私は大きめの花瓶に入るくらいの桜の枝を想定していたのに、車のなかの桜の枝はホテルのロビーに飾ってあるような大きなものだった。奥さんはそういったお花を扱っている業者さんから分けてもらったとのことだった。こんな大きな桜を飾れるのは假屋崎《かりやざき》さんみたいな華道の達人じゃないと無理だ。あぜんとする私をよそに、奥さんはどんどん私に桜を渡してきた。せっかくの高級車なのに、車内に豪快に桜の枝を乗せてしまうあたりが、お金持ちはやることが違うな……と感心した。

施設の玄関ドアを開けて、私と奥さんで何往復かして桜を運び込んだ。

「またお昼過ぎに来るわね！」

笑顔で奥さんは帰っていったけど、私は途方に暮れた。

「これ、どうやって飾ればいいの……」

私は華道を習ったことがないし、玄関にお花を飾るような洒落《しゃれ》た実家でもないので、お花を飾るセンスなんてない。しかも、まだなんの許可も取れていないのに、清水さんの奥さんの脳内では、きょうの午後にロビーでお花見をすることが決定している。

朝も早いのでほかの職員もまだ出勤してこなくて、私は心細い気持ちでいた。

ひとまずロビーに新聞を敷いて床に置いた桜の枝は、出勤してきた職員を驚かせ、そのままそこが作戦会議場になった。

一番遅くに出勤してきたお花見実行委員長の長谷川さんは、その桜を見て、「あ、桜だ～。よかったですね」と他人事のように言い放ってロッカールームに消えていった。

たぶんその場にいた全員が、「きょうは雨だからこの桜を使って100％ロビーでお花見をすることになるのだろう」とわかっていたからその場に留《とど》まって作戦会議をしていたのに、お花見実行委員長は華麗《かれい》にスルーしていった。みんながそれをポカーンと見ていると、管理栄養士の坂東さんが大きなポリバケツをひとつ抱えて持ってきた。

「これ、厨房《ちゅうぼう》のゴミ箱なんだけど、きょうだけお貸ししますから、これに入れましょう」

そう言って、ロビーの応接セットをどかせて水色のポリバケツを真んなかに置いた。

そこからは早かった。工作が得意な介護主任の大原さんがポリバケツを覆うように緑に色づけされた段ボールで素敵な囲いを一瞬で作り、華道の心得がある職員さんが大きな桜をかっこよく生けてくれて、みんなでポリバケツに水を運んだ。

ロビーは、あっという間に特設お花見会場になった。みんなでやればなんとかなるもんだ。さっきまでは心細い気持ちだったのに、今度はワクワクしていた。

午後になって雨は強さを増し、ザーザーと雨音がロビーに響いていた。せっかくのお花見なので、川の流れる音や鳥の声の環境音を流して外の天気を感じさせないムードを作り、ほとんどの入居者さんをロビーに案内してお花見は開催された。施設から連絡を受けていたご家族も続々と集まり、ロビーはとても賑やかになった。

桜を持ってきてくれた清水さんの奥さんは、ロビーの中央に盛大に飾られた桜を見て、「わぁ、ありがとう！」と声をあげ、「主人が喜ぶわぁ」とはしゃいでいた。清水さんは奥さんの予想通り「おお！」と声をあげ、「綺麗《きれい》やなぁ。やっぱり春は桜やな」と笑って奥さんと一緒に長いこと桜を眺めていた。

本来ならお花見には行けなかった入居者さんも、施設のなかでならと、車椅子で降りてきていた。清水さんの奥さんのおかげで、ほとんどの入居者さんが桜を見ることができて本当に嬉しく思った。

そのとき、エレベーターから吉田さんが降りてきた。賑やかなロビーの様子に少し驚いた様子の吉田さんを見て、私は慌てて駆け寄った。

「吉田さん、ロビーに大きな桜があるので、みんなでお花見をしているんですよ」

そう声を掛けると、

「ロビーに？」

と怪訝《けげん》な顔をしたので、

「よかったら吉田さんもどうぞ」

と私は桜のそばまで案内して、

「ここに桜がありますよ」

と吉田さんの手を桜の枝に寄せた。吉田さんは最初、びっくりした様子だった。しばらく桜の枝や花びらを丹念に触り、それからそっと枝を顔に近づけた。そして、

「……あぁ、桜や。春やね」

と言って嬉しそうに笑った。

清水さんの奥さんが持ってきてくれた桜は、意外な効果を発揮した。いつもなら桜は高い枝で咲いているのに、きょうはロビーに飾ってあるので桜の花に触ったり、顔を近づけてその香りを楽しむことができる。おかげで目が見えない吉田さんもお花見をすることができたのは新しい発見だった。

吉田さんが、

「私もみんなと一緒にお花見できて嬉しいわ。ありがとう」

と笑顔になったので、そばにいてその様子をずっと見ていた清水さんの奥さんは、

「また来年も桜を持ってきます！」

と吉田さんの手を取って言ってくれた。

吉田さんが桜の枝を顔に寄せているのを見たほかの入居者さんたちも、「桜の香り、かぎたい」と次々に桜の枝を手に取り始めた。桜の花も、まさか老人ホームでいろんな人の鼻や口でフガフガされるとは思っていなかっただろう。桜の枝を握りしめた入居者さんたちは口々に、「いい香りやなぁ」「綺麗やなぁ」と笑顔になっていた。

みんなで食べるおやつはとてもおいしかった。坂東さんは、お花見にピッタリのピンク色のおまんじゅうを用意してくれていた。少ない予算なのに、いつも季節を感じるメニューを考えてくれて頭が下がる思いだ。それに合わせていつもより少し濃い目に入れた緑茶もみなさんに好評で、私も嬉しくなった。

清水さんの奥さんの機転で急遽《きゅうきょ》開催されたロビーでのお花見は、翌年から施設の恒例になった。刺激の少ない施設での暮らしのなかで、きょうのお花見は多くの入居者さんとご家族にとってよい思い出になるだろうと思った。

第⑯話 母の日に　身寄りのない方は――

5月は母の日があるので、施設にはたくさんのカーネーションが飾られる。

入居者さんのご家族で遠方に住む方々が、面会に来れない代わりにカーネーションの鉢植えを贈ってくれるのだ。

廊下やリビングに赤いカーネーションが置かれ始めると、私も母の日のプレゼントを考え始める。施設にいると季節のイベントが必ずわかるので、「忘れるなんてひどい！」と親に怒られなくて済むからありがたい。

最近はカーネーションより紫陽花《あじさい》が流行らしく、見たこともない綺麗《きれい》で可愛らしい紫陽花が送られてくることが増えてきた。いままでは赤いお花だけだったのに、緑や青、紫の紫陽花も飾られるので、施設全体がカラフルに見えた。

今年は私も紫陽花を送ろうかなぁと考えながら3階のリビングを歩いていると、

「看護婦さん、これどうぞ」

と、入居者の宮田さんが折り紙で作った水色の紫陽花をくれた。

宮田さんは独身だった。50歳のときに駅のホームから落ちて電車にひかれ、右足の膝《ひざ》から下がなかった。長いあいだ義足で生活していたのだけど、年をとって転倒することが増えてきたので車椅子の生活になり、ひとり暮らしができなくなってうちの施設に入所してきたのだった。

宮田さんはいつも3階のリビングに座って折り紙を折ったり、塗り絵をしたり、貼り絵を作っていた。それがまたものすごく上手なので、2年ほど前に役所の展示場で展覧会をしたことがあった。展示会は盛況で、宮田さんも嬉しそうだった。

「毎日暇《ひま》なのよね。なんか仕事したいんやけど〜」

と、いつも私たちの仕事を手伝ってくれようとする優しい宮田さんは、多くの職員から慕《した》われていた。

「なんか手伝えることないの？」

と言ってくれるので、主にタオルやおしぼりを畳むのを手伝ってもらっていた。

寝たきりになっている入居者さんの体やお尻を拭くタオルなので、毎日ものすごい数になる。洗濯自体は外部の業者さんがしてくれるのだけど、畳まずにビニール袋で戻ってくるので、宮田さんが毎日せっせと畳んでくれていた。

私が同じように畳んでも、あんなスピードで綺麗に畳むことはできないので、もはやタオルを畳む職人にしか見えなかった。元気なときはさぞかし仕事のできる女性だったに違いない。

そんな宮田さんが、最近やたらと折り紙でカーネーションを折っていた。

「そんなに作ってどうするの?」

と聞いてみたのだけど、「ふふふ」と笑うだけだった。

暇さえあればカーネーションを作っているので、私は宮田さんに大きな段ボールをひとつプレゼントした。

「ここに作ったカーネーションを入れたら、しわにならずに保管できますよ」

そう言って立ち去ろうとしたとき、

「看護婦さん、私、これじゃない段ボールがいいな」

と、宮田さんは段ボールの外側に書かれたトイレットペーパーの文字を指さした。

「大切な人にあげるものだから、トイレの段ボールに入れたくないの」

宮田さんにそう言われて、自分の女子力のなさに恥ずかしくなった。もちろんトイレから持ってきたものではなかったのだけど、宮田さんが言いたいのはそういうことではない。

「そうですよね、すみません。すぐに違うのを持ってきます！」

そう言って私は医務室に戻り、点滴が入っていた段ボールを取ってきて宮田さんに渡した。

「ありがとう。箱があったらいいなぁって思っててん」

そう言って宮田さんは笑い、また折り紙に励んだ。


その年の母の日はとても賑やかだった。いつもは来られないご家族やご親威が、たくさん面会に来られたのだ。ロビーの応接セットもフロアのテーブルも、笑い合うご家族で埋め尽くされ、いつも静かな老人ホームがものすごく華やかになった気がした。

しばらくすると、座っていることに飽きた子供たちが、リビングルームで走り始めた。

車椅子や杖で歩く入居者さんにぶつかっては大変だと声を掛けようとしたとき、「ストップ！」と、先頭を走っていた子供が大声を出した。さっきまで一緒に走り回っていた子供たちが全員ピタリと止まり、その前を杖をついた入居者さんがゆっくりと歩いていった。子供たちは、「ぶつかったらいけない」とわかっていたのだ。てっきり遊びに夢中で見えてないのかと思っていたので、私は驚いた。

子供たちはそれから走り回るのをやめたようで、ぞろぞろとリビングを並んで歩き回っていた。すると、

「おばあちゃん、それなに？」

と、ひとりの子供が宮田さんに声を掛けた。

「カーネーションやで。作ってみる？」

宮田さんは優しく言って、子供たちに折り紙を渡した。

子供たちは折り紙を手に入れてテンションが上がりすぎたのか、宮田さんの説明を一切聞かずに全然違うものを折り始めた。それぞれ得意なものを作りたかったのか、誰ひとりカーネーションを作らなかった。

「おばあちゃん、これ見て！」

そう言って子供たちが騒ぐので、宮田さんのテーブルがリビングのなかで一番賑やかになった。宮田さんは嬉しそうに、

「それ、おばあちゃんにくれる？」

と聞き、子供たちは、

「いいよ！」

と言って、宮田さんのカーネーションと交換していた。

「すみません……」と、子供たちのご両親が謝りに来ていたけど、宮田さんはその人たちにも折り紙のカーネーションを渡していた。私が、

「あげてよかったんですか？」

と宮田さんに声を掛けると、

「いいのよ。喜んでくれたら嬉しいもん。久しぶりに小さい子とおしゃべりできて、嬉しかったわ〜」

と笑って、私にも、またカーネーションをくれた。

「いつもありがとう」

そう言って、宮田さんは職員にもほかの入居者さんにも、会う人みんなにカーネーションを手渡した。

宮田さんは1階の事務所にも行き、事務所スタッフにもひとりずつ折り紙のカーネーションを手渡した。

「みんなにお礼がしたくても、こんなことしかできないからね〜」

宮田さんは笑っていたけど、本当に嬉しいプレゼントだった。


夕方、宮田さんのいるフロアで寝たきりになっている入居者さんの処置に行った。部屋に入ると、その方の枕の横に赤い花束があった。折り紙のカーネーションで花束を作って、リボンがかけられていた。花束が置かれていたのはその人だけではなかった。ご家族があまり面会に来ない入居者さんのベッドにも、それは置かれていたのだった。

ひとしきり仕事を終えてから、私は宮田さんのお部屋に行った。すると宮田さんのお部屋には、壁やベッド柵にものすごく手の込んだ折り紙の作品がたくさん飾りつけられていた。赤いカーネーションの折り紙も山盛り飾られていた。

「わぁ！　めっちゃ綺麗ですね！」

思わずそう声が出た。すると宮田さんは、

「これ、全部ここの介護さんたちが作ってくれたんやで」

と嬉しそうに教えてくれた。

宮田さんの部屋が、施設で一番たくさんカーネーションが飾られていた。昼間、子供たちと交換していた折り紙もちゃんと飾られていて、宮田さんらしいなと思った。

私は看護師なので施設全体をドタバタと走り回っていて、なかなかひとりの入居者さんとじっくり過ごすことはできない。でも、介護さんたちは忙しいながらもひとつのフロアで同じ人たちと過ごす時間が長いので、入居者さんを家族のように思う人が大勢いた。

「きょうのカーネーションはね、介護さんとずっと前から計画してたの。みんなに渡せて本当によかったわ〜」

宮田さんは嬉しそうに笑った。

私はてっきり、宮田さんがひとりでやっていたのかと思っていた。でも、そうではなかった。

「介護さんたちがね、みんなにプレゼントしたいから一緒に作ってって言ってくれたの」

と宮田さんは嬉しそうに種明かしをして笑った。

でも本当は、ご家族のない宮田さんが母の日に寂しがらないようにという、介護さんたちの心尽くしだった。宮田さんに折り紙のプレゼントを提案したことで、宮田さんは自分にも役割ができたことをとても喜んだ。介護さんたちは宮田さんに、手伝ってくれたお礼と言って、手の込んだ折り紙をいっぱい部屋

に飾った。

私はまさか母の日に、自分の母より年上の入居者さんからカーネーションをもらうとは思わなかったけど、嬉しかったので自分の机の透明なマットの下に飾った。宮田さんは、もらった私より嬉しそうな顔をしていた。介護さんや入居者さんの喜ぶ顔がたくさん見られたと、満足そうにしていた。

あれから私は、5月の休みは毎年実家に帰るようになった。母の日は、花を贈る日ではなく、感謝の気持ちを贈る日だと、宮田さんは教えてくれた。

第⑰話　それぞれの人生、それぞれの最期

朝、出勤すると施設の前にパトカーが停まっていた。

その日は出勤前からなんだか胸騒ぎがしていた。こういう嫌な予感はわりと当たるので、予感がしても口に出さないようにしている。当たっても気落ちするだけになるからだ。

それが出勤した時点で的中していたとわかり、私は着替えもしないで入居者さんのフロアまで走った。

フロアに行くと夜勤の介護福祉士さんがふたり組の警察官と話をしていた。駆け寄って話を聞いてみると、前日に私が入浴介助をした平岡さんが急にお亡くなりになったという。

平岡さんはとても詩吟《しぎん》が上手なぽっちゃりしたおじいちゃんだった。いつもニコニコしていて、女性入居者さんとよくおしゃべりしている明るい方だった。

平岡さんが私を呼ぶときは、「♪かぁぁ〜んごぉ〜ふさぁぁぁぁぁぁ〜ん♪」と、詩

吟で歌うように呼んだ。その声はよく通るので、別のフロアにいても窓越しなら聞こえてくることもあった。

前日もその呼び声は健在で、入浴介助をしたときも、自分で歩いてお風呂につかり、変わった様子はどこにもなかった。夜勤の介護さんが深夜の巡回で平岡さんのお部屋を訪室したとき、動かなくなってしまった平岡さんを発見したとのことだった。救急車を呼んでAEDを使ったそうだが、平岡さんは戻ってこなかったらしい。

私は警察官のいくつかの質問に答え、必要な資料を提出し、事務的に仕事を済ませた。しばらくして、その警察官と事務の人たちが玄関先で慌《あわ》ただしくしていた。どうしたのか聞いてみると、身元引受人の娘さんと連絡がとれないのだという。困り果てた警察官が、「なんでご家族と連絡とれないんですか?」とイライラした口調で言ったが、そんなことを聞かれても私には答えがない。みんながオロオロしているところへ、ケアマネージャーの石田さんが出勤してきた。

概略を説明したところで石田さんは、

「平岡さんの娘さんは、平岡さんの存在を迷惑がっていました。身元引受人も、血縁なので仕方なくなっただけだから、病気だろうが入院しようが、連絡なんかよこすなと、いつも言っていました」

そう警察官の目を真っすぐ見て言った。

「ええ？　自分の親でしょ？　そんなこと言う人いるの？」

若い警察官が言い、もうひとりの中年の警察官も困った顔をしていた。

何度電話をかけても、娘さんとは連絡がとれなかった。

石田さんは、自身の記録ファイルを持って警察官の前に行き、

「これ、見てください。入所後の娘さんとの会話の記録ですが、『父が死んでも連絡しないでください』と娘さんは言っています」

とファイルを見せながらそれを読んだ。

絶句する警察官を、石田さんはずっと見ていた。私は黙って立ち尽くすしかなかった。

平岡さんは、私たちから見れば、気さくな明るい人だった。おしゃべりが好きで、男性女性問わず、どんな入居者さんとも仲よくしていた。施設に入所してくる前に、自身のご

家族とどんなことがあったのか私たちは知ることはできない。だからこそ、いま現在のありのままを受け入れることができるのかもしれないが、私はいたたまれない気持ちになった。

平岡さんは、よく娘さんの自慢をしていた。私と同じ看護師なのだそうだ。お孫さんも医療系の学校に行っていると、嬉しそうに話していた。

カルテには、簡単な家族構成が記録されているが、平岡さんはずいぶん前に離婚されていて、施設に入所するまでずっとひとりで暮らしていた。入所時に持ってきた荷物はほとんどが冬物の服で、平岡さんは年中セーターやトレーナーを着ていた。そのどれもが年代物で、穴が開いたり破れたりしていた。新しい服が届かない平岡さんのそれらは、職員がアップリケをつけたりして直さなければならなかった。

あんなに自慢していた娘さんに、「死んでも連絡してこないでください」とまで言わせた平岡さんは、いったいどんな人だったのだろう。娘さんの気持ちや平岡さんの気持ちを考えると、心が痛くなった。

石田さんのファイルを見た警察官は、

「では、僕が電話してみましょう」

と、携帯電話を取り出して平岡さんの娘さんに電話をかけた。すると、

「……もしもし？」

とすぐに娘さんが電話に出た。

「平岡さんの携帯電話でお間違いないでしょうか？」

そう警察官が尋《たず》ねると、返事があったようで、続けて警察官であることを名乗り、

「実は、お父さんが入所されていた施設でお亡くなりになりました」

と伝えた。すると、その電話口からは、よく聞き取れなかったけれど、激昂《げきこう》する声が聞こえてきた。

すぐに電話は切れて、警察官はしょんぼりというか、がっかりというか、なんとも言えない顔で私たちの顔を見回した。

「ね？　無理でしょ？」

石田さんがそう言い、警察官は、

「あんな人いるんですね」

とだけ言った。

私はその言葉に引っかかるものを感じた。娘さんにだって言い分があるはずだ。人にはいろんな側面があり、私たちが知らない平岡さんの側面を、娘さんはよく知っている可能性がある。娘さんしか知らない平岡さんの側面が、娘さんをそういう気持ちにさせてしまったのだとしたら、「あんな人」とは言えないと私は思った。

人の数だけいろんな人生があり、いろんな生き方があって、いろんなものを背負っていまに至るのだ。特養で働くようになってそう思うようになった。

いままで考えたこともなかったけど、こういうことを何度か経験すると〝血縁〟ってなんなのだろうと思うことがある。「親だから」「娘だから」「息子だから」という概念だけでは説明がつかない関係だって、この世にはたくさんあるのだ。

世の中は本当に不思議だ。赤の他人であるのに、入居者さんの身元引受人をしている人がうちの施設には複数人いた。身元引受人になると、怪我《けが》や病気の報告、必要経費の請求など、ことあるごとに施設から知らせが届く。外部の病院への通院が必要なときは付き添いもしなければならないし、入院したときも病院が要求すれば付き添いを余儀《よぎ》なくされる。

時間もお金もかかる大変なことなので、たいていはご家族やご親族がなる。それでも身元引受人となっているその方々は、「この人に、とってもお世話になったから」という人が大半だった。

平岡さんと同じフロアに、遠藤さんという陽気な女性がいた。遠藤さんはかなりの認知症なのだけれど、とにかく底抜けに明るい人で、通りすがる人がいれば、「こんにちは！元気？」と大声で声を掛け、いつもニコニコしているおばあちゃんだった。元気なころは温泉に行くことが趣味だったそうで、お部屋には全国の温泉宿の写真がたくさん飾られていた。

その写真には、つい最近のものもあった。それは遠藤さんの身元引受人である横井さんという中年の男性が、月に1回遠藤さんを迎えに来て、一緒に温泉宿に出かけて撮影したものだ。

横井さんは、遠藤さんとは血縁がなかった。「全くの赤の他人である」とご本人から直接聞いた。横井さんは、詳しくは語らない人だったが、若いときに遠藤さんに命を救ってもらったのだと言っていた。そのときからずっと遠藤さんと温泉に出かけているそうで、それは施設に入所になってからも続いていた。

私たちでも介護が大変な遠藤さんを、どうやってひとりで温泉宿に連れていって過ごしているのかとても心配だったが、横井さんはどんなに遠藤さんの認知症が悪化しても、「歩けるのなら」と積極的に外へ連れていった。

遠藤さんは施設ではお元気な方で、ゆっくり椅子に座っていることはほとんどなかった。夜間もときどき起き出して、薄暗いリビングでひとり楽しそうに笑っていたりすることも多かった。だから職員みんなが温泉宿での夜を心配したけど、横井さんは「大丈夫です」と笑顔で言い、いつもふたりで出かけていった。

遠藤さんには子供がなく、ご主人も施設に入所する前に亡くなっていたため天涯孤独だった。財産らしい財産もなかったので、横井さんが必要な資金をすべて支払っているらしい。

横井さんは遠藤さんのご主人が亡くなった時点で、すでに遠藤さんが認知症であることを知っていたので、「身元引受人になりたい」と地域包括支援センターを訪れ、うちの施設に入所となったそうだ。

認知症になってからも、どんな人にも明るく接する気さくな遠藤さんのことを横井さんは、「認知症になる前とほとんど変わらないよ」といつも笑っていた。「仕事さえなければ、ずっと一緒でかまわない」とまで言っていた。


いろんな人の、いろんな人生を垣間見たとき、私は自分の最期を思う。

「自分の人生を投げうって3人も子供を育てたのに、私は子供に捨てられてこんなところに入れられたんや!」と嘆《なげ》く人。

「子供に、私と同じ目に遭《あ》わせたくないんや」と自分から入所を希望する人。

「ここどこや?」と、どこにいるかもわからなくなり、手に負えなくなった子供さんに連れられてくる人。

いろんな理由で施設にいる方々を介護してきた私は、どういう道を選ぶのだろう。

あれから平岡さんは区役所の人が引き取りにきたそうだ。その後どうなったのか、私は聞かなかった。なにか聞いてはいけないような気がして、聞けなかった。

いろんな生き方があるように、いろんな最期もあるのだと、平岡さんは私に教えていった。

いつか娘さんに会うことがあったら、私しか知らない平岡さんのことをお話ししたいと思っている。家族にしか見せない姿があるように、私たち職員にしか見せない姿もあるから。

それがいいことかどうかはわからないけど、もし娘さんに会うことがあるなら私はそうしたいと思う。私にとって平岡さんは、いつも明るく、詩吟の上手な人だった。これから先も、私のなかの平岡さんはその姿のままだ。

終章　施設に新風を吹き込んだ、ガハハな一家

入居者の城山《しろやま》さんのご家族は、施設で一番有名なご家族だ。城山さんはいつもニコニコと笑っている無口で可愛らしいおばあちゃんで、ご家族からとてつもなく愛されていた。

城山さんは、認知症になってからも長いあいだ3世代で同居生活を送っていたのだけど、自宅で転倒し、大腿骨《だいたいこつ》を骨折してから車椅子の生活になってしまった。段差がたくさんある自宅では生活ができなくなってしまい、仕方なく一番近所にあったうちの施設に入所してきた。

城山さんのご家族は、ご主人、息子さん、お嫁さん、2人のお孫さんで構成された6人家族で、それはそれは仲がよかった。城山さんが入所してからというもの、毎日家族そろって施設にやってきて、みんなで夕食を食べていた。「おばあちゃんがいないとご飯おいしくないねん」と、城山さんのお部屋に集まって当然のように食事をする姿に、職員全員が驚いた。

城山さんのお孫さんは、上の男の子は高校生らしかったが、どうやら学校には行っていないようで、朝から城山さんのお部屋に入り浸っていた。下の女の子は小学6年生で、学校が終わると施設に帰ってきて、城山さんのお部屋でくつろいでいた。城山さんのベッドは2人の孫が寝転がっているので、城山さんはずっと車椅子かソファに座っていた。たまに城山さんがベッドに寝ていても、なんの躊躇《ちゅうちょ》もなくその横にお孫さんたちは寝転がり、ベッドはいつもギュウギュウだった。

城山さんのご主人は、お昼が近くなるころにフラッと現れて、お孫さんにお昼ご飯を差し入れると、ガハハと笑ってそのまま競馬場に通っていた。競馬で当たるとお菓子を大量に持ってくるので、お孫さんの喜ぶ声がリビングまで響いて馬券がどうだったのかみんなすぐにわかった。

城山さんのご主人が競馬で大当たりしたと騒いでいた翌日、城山さんのお部屋のテレビにはニンテンドーWiiがセットされ、お孫さんたちは以降、毎日テレビゲームに夢中になった。城山さんはそんなお孫さんの姿をずっとニコニコしながら眺めていた。

施設で行われる季節の行事には、もちろん城山さんのご家族も参加した。七夕祭りの短冊をお部屋に持っていったとき、すぐに手に取って書き始めたのがお孫さんだったので、私は短冊をご家族ぶんの6枚、お部屋に置いた。

リビングに飾られた笹には、城山さんのご家族全員分の短冊がぶら下げられていた。

城山さんの短冊には、「世界平和」と綺麗《きれい》な字で書かれていた。城山さんらしい優しい願い事だ。そのすぐ下に、お孫さんの名前が書かれた短冊があって、「おばあちゃんも一緒に旅行に行きたい」と書かれていた。こんなに毎日一緒にいても、旅行に一緒に行きたいというお孫さんの願いを見て、仲のいいご家族だなぁと羨《うらや》ましく思った。

城山さん一家は、同じフロアの入居者さんたちにも家族のように接していた。

「なんか、みんな親戚にしか見えへんわ～」

息子さんやお嫁さんはそう言って、入居者さんたちがリビングに集まっていると、

「毎日親戚の寄り合いしてるみたいで楽しいなぁ！」

とガハハと笑うので、集まっている人たちもつられてガハハと笑うようになっていった。

お孫さんたちも、なんのためらいもなくおじいちゃん・おばあちゃんたちと話すので、み

んな「孫ができた！」と、城山さん一家がやってくることをとても喜んでいた。

ある土曜日の夕方、城山さんの部屋で火災報知機が鳴った。

びっくりして職員が部屋に飛んでいくと、なんと城山さん一家がホットプレートを持ち込んで楽しそうに焼肉パーティーをしていた。部屋に充満する煙に、

「城山さん！　火災報知器が発報してます！　お部屋で焼肉はヤバいです！」

と介護主任の大原さんは慌《あわ》てた。

慌てる大原介護主任を見た城山さん一家は、

「アハハハハ！　ごめんごめん、きょうは子供の誕生日やから焼肉パーティーしてたのよ～」

と大爆笑していた。

全く悪びれない様子に、職員も笑うしかなかった。城山さんのお部屋は、折り紙や紙テープでお誕生日会の飾りつけまでされていた。もはや城山さんの居室は城山家の自宅と化していた。

「せっかくおばあちゃんもお肉食べてたのに〜」

城山さん一家に残念がられ、介護主任は、「施設の中庭でなら」と、中庭のテーブルまで延長コードを引っ張って、城山家が焼肉パーティーを続けられるようにした。城山家の焼肉パーティーはその後、中庭でつつがなく執《と》り行われた。

城山家が火災報知機を発報させたのは、このときだけではなかった。

ある日、城山家はＩＨコンロを持ち込んですき焼きもした。その湯気で火災報知器が発報して、また介護主任は真っ青になってすっ飛んでいった。

それから城山家は鍋をするときはリビングでやるようになり、焼肉は暖かい季節に中庭でするようになった。城山家がリビングでやたらと鍋を食べるので、ほかの入居者さんも鍋が食べたいと言い出した。これをきっかけに施設のイベントとしてときどき、夕食に鍋をするようになった。

その様子を施設長や職員は、「すごいですなぁ」と感心して見ていた。ここまで自然にくつろぎまくるご家族はかつて見たことがなかった。自由すぎると言えばそうなのだけど、あまりにも自然にそういうことをしているので、なんとなくこちらも笑ってしまい、規則に厳しかった施設長も、すっかり城山一家のペースにはまってしまっていた。

城山さんがコップを落として飲み物が派手にこぼれても、「アハハハハ！　おばあちゃん、どんくさいなぁ」と、家族みんなで笑って済ませ、特に怒る様子もない。城山さんが笑いすぎて入れ歯を飛ばせば、「ダッハッハ！」と家族全員で大笑いして、入れ歯を拾って洗い、何事もなかったかのように城山さんの口に戻して家族でずっと楽しそうにしている。

認知症になった城山さんの病気を、家族の誰もなんとも思っていないように見えた。お孫さんは、「うちのおばあちゃんのギャグセンス、最高やねん」と言って、城山さんがとぼけたことを言おうが、トイレを失敗しようが、「それが面白い」とゲラゲラ笑って、当然のように城山さんを手助けしていた。

自宅に段差が多いので、車椅子になった城山さんとどうしても暮らせないから、仕方なく施設入所を決めたのだと、最初にご家族から聞いてはいたものの、ここまで仲よし家族だったとは、施設の誰も思っていなかった。

城山さんは、自分がどんな失敗をしても家族がそれを面白がって笑い、何事もなかったかのようにパタパタと片づけて、また城山さんのそばにピッタリ寄り添ってくれるので、自分が認知症になったことに罪悪感を感じている様子は全く見られなかった。

世の中に、こんなご家族がいるなんて……と私は衝撃を受けた。


城山さん一家は、施設職員に多大な影響を与えた。

入居者さんがどんな失敗をしても、職員は「いいよ〜」と笑い飛ばすようになり、入居者さんもそういう職員を見て笑うようになった。「申し訳ない」「ごめんね」という言葉はほとんど聞かなくなった。

城山さん一家の影響力はそれだけではなかった。あまりに自然に認知症の城山さんを笑い飛ばすのを見たほかのご家族も、最初は驚きを隠せない様子だったのに、いつしか明るく笑い飛ばすようになったのだ。「笑い飛ばすなんて不謹慎《ふきんしん》だ」と言っていたご家族や職員も、楽しそうにしている入居者さんたちの反応を見て、「不謹慎だ」とは言わなくなった。城山さん一家が入り浸る2階のフロアは、施設で一番明るくて面会の多いフロアになった。

私たち介護に携わっている者でも、自分の家族の介護となれば冷静でいられる人は少ない。一番近くにいる家族は元の姿を知っているぶん、病気を受け入れることに時間がかかる。さらに、介護の仕事に携わっているからこそ、理想の介護を追い求めてしまったり、どんどんレベルが落ちていく姿を見て、知識があるぶん余計に不安を感じてしまうのだ。

それなのに、城山家はそのすべてを軽々と乗り越え、城山さんが認知症であることをなんの問題とも思っていないように見えた。実際どんな気持ちでいたのかまでは私は聞くことができなかったけれど、毎日毎日夕食を持ち込んでそろって食事をする姿からは、当たり前のことを当たり前にしているご家族にしか見えなかった。

あるとき、朝から来ているはずの高校生のお孫さんの姿が見えなくなった。どうやら長らく休んでいた高校に通い始めたらしかった。めずらしく制服のまま夕食を食べにきたお孫さんが、

「僕、高校を卒業して介護の専門学校に行くことにしました」

と教えてくれた。

施設に入り浸っているうちに介護さんと仲よくなり、自分が認知症のおばあちゃんを自然に受け入れていることを褒《ほ》められたので、将来の仕事に介護職を選んだのだと言っていた。息子さん夫婦はそれをものすごく喜び、その週の土曜日にまた中庭で焼肉パーティーをした。

施設の食事には焼き立てのお肉は提供されないので、城山さんは嬉しそうにお肉を食べていた。その姿を見ていた介護さんたちが、「施設のイベントで焼肉パーティーもいいなぁ」とイベントとして考えることにまで発展していった。

城山一家はあまりにも自由だったけど、施設にいい風が吹いたので、最終的には誰もなにも言わなくなった。むしろ、あんな家族がいる城山さんを羨ましがる職員が続出した。

あれから3年が経《た》って城山さんは認知症が緩やかに進み、以前よりずっと介助が必要になっていた。

あのとき小学生だったもうひとりのお孫さんはアイドルを目指しているそうで、ときどき施設で歌とダンスを披露してくれるようになった。普段聞かないアップテンポな曲は、意外にも入居者さんにウケてみんなノリノリになった。「人前で歌って踊る練習になるからありがたい」とお孫さんは喜んでいた。

あのとき高校生だったお孫さんは介護の専門学校に通い始めていた。

お孫さんは、休みの日に朝から施設にやってきて、本格的に介助が必要になった城山さんに必要な手技を介護さんに教えてもらうようになった。お孫さんは、介護さんでも大変な介助をひとりでできるようになり、「卒業したらうちの施設に就職する」と言っていた。こんな展開になるなんて、施設の誰も想像していなかった。

相変わらず仲よしな城山一家は、休むこと

施設に新風を吹き込んだ、ガハハな一家

なく毎日夕食を城山さんのお部屋で食べ、年に数回城山さんと一緒に温泉旅行に行くようになった。

お孫さんは七夕の短冊に書いた願い事を自分で叶《かな》えた。

城山家は施設に新しい風を入れ、施設は城山家のお孫さんを変えた。奇跡のような城山家を、私は本当に尊敬している。

■小島すがも

キャンプとスノボが大好きなアラサー。映画も月に3本は観にいく。先日、陶芸教室に行き、お皿作りが楽しくてはまり気味。最近の“事件”は愛犬のシーズーが天国に旅立ってしまったことと、急な引っ越し。ナースになってよく一人旅に行くようになった。お気に入りの場所は小樽。

デザイン◉中田薫／ＥＸＩＴ
イラスト◉安斉将／安斉研究所
制　　作◉シーロック出版社

看護師も涙した
老人ホームの素敵な話

2018年5月12日　初　版第1刷発行
2018年9月25日　第3版第8刷発行

著　者　小島すがも
発行人　保川敏克
発行所　東邦出版株式会社
〒169-0051
東京都新宿区西早稲田3-30-16
http://www.toho-pub.com
印刷・製本　信毎書籍印刷株式会社
（本文用紙／HSスノーフォース四六判67kg）